弯道制胜

谁将主导汽车产业的未来

【德】费迪南德·杜登霍夫（Ferdinand Dudenhöffer） 著

张 昕 译

机 械 工 业 出 版 社

图书在版编目（CIP）数据

弯道制胜：谁将主导汽车产业的未来/（德）费迪南德·杜登霍夫著；张昕译. —北京：机械工业出版社，2018. 3

ISBN 978-7-111-59255-6

Ⅰ. ①弯…　Ⅱ. ①费…②张…　Ⅲ. ①汽车工业 - 经济发展 - 研究 - 世界　Ⅳ. ①F416. 471

中国版本图书馆 CIP 数据核字（2018）第 036262 号

机械工业出版社（北京市百万庄大街 22 号　邮政编码 100037）

策划编辑：李　军　责任编辑：李　军　杨　洋

责任校对：刘秀芝　责任印制：李　飞

北京机工印刷厂印刷

2018 年 5 月第 1 版第 1 次印刷

169mm × 239mm · 13 印张 · 172 千字

0 001— 4 000册

标准书号：ISBN 978-7-111-59255-6

定价：59.90元

凡购本书，如有缺页、倒页、脱页，由本社发行部调换

电话服务	网络服务
服务咨询热线：010 - 88361066	机 工 官 网：www. cmpbook. com
读者购书热线：010 - 68326294	机 工 官 博：weibo. com/cmp1952
010 - 88379203	金 书 网：www. golden - book. com
封面无防伪标均为盗版	教育服务网：www. cmpedu. com

前　言

130 年前，人类开始了“机动化”出行。在这 100 多年的时间里，汽车及其整个产业不断推陈出新，发明无数。自卡尔·奔驰和戈特利布·戴姆勒发明汽车以来时至今日，汽车及其零配件行业一直在巨大的蜕变中不断地证明着自身的体系对个人移动出行的创新性和适应性。一个国家如果机动化程度较低，就像某些中非国家，其社会的富裕程度也会远远落于人后。而中国崛起成为世界性力量，就如当年美国的崛起，同样与汽车紧密相关。汽车引发并伴随社会不断发生改变。

一批艺术家、制片人、哲学家和作家在他们的创作中表现出对汽车的痴迷。哲学家彼得·斯劳特戴克曾一语道破：“现代科技的发展都是围绕着汽车这颗核心天体。”为了更深入地挖掘“汽车迷恋”情节，艺术家哈·舒尔特先后在艺术作品《冻结时间》以及 1970 年的两万公里行动中创作出了带翅膀的汽车；他在彼得·韦伯尔在 2011 年德国卡尔斯鲁厄艺术与媒体技术互动中心举办的主题为《汽车文化》的作品展上总结出了自己独特的经验与见解：“汽车给我们带来了前所未有的自由，以及同样前所未有的不自由，我们都是汽车。”为了烘托人们对汽车这个物体的想象力及汽车所隐含的秘密，大地艺术家克里斯托用他的作品《包裹汽车》对一辆 1959 年的斯蒂贝克汽车进行了包裹艺术创作。并且在作品《包裹大众》里对一辆大众甲壳虫汽车也进行了包裹艺术创作。而法国导演让 – 吕克·戈达尔于 1967 年拍摄的实验电影《周末》则向我们展示了当汽车过多地主宰一个社会时，又会如何变为一种灾难。

汽车是我们社会的一个重要组成部分，同时相互之间又存在争议。在过去的 100 多年里，汽车及其产业在两次大的浪潮中经历了根本性的变革：亨利·福特于1914年1月引入了流水线生产，才使得汽车的价格能够为人们所接受，并使得大众机动化出行成为可能。随着20世纪八九十年代日本的“Lean Production”革命，即精益生产的出现，全价值链和质量管理流程的理念进入了汽车工业领域。如今我们正身处第三次大潮中：这一浪潮同时由三种自然科学和技术认知上的巨大飞跃引发而来：

第一，驱动智能化——我们的汽车可以零排放行驶。新的蓄能器，如锂离子电池可以让汽车实现这一进步。

第二，机器的人工智能化——我们即刻将迈入自动驾驶汽车的时代。在一些试验项目中，机器人已取代驾驶人。

第三，集智能化——我们的汽车会越来越多地变成共享使用。共享经济成为提升汽车社会价值的关键，而与此同时，公共交通的承运人，如德国联邦铁路公司那样难以撼动的庞然大物的身价则会一落千丈。

就当前状况来看，第三次浪潮将会成为最具革命性的一次。奥地利经济学家约瑟夫·熊彼特在20世纪初就将无情取代并最终消灭旧有体制结构的巨大根本性变革称为“创造性毁灭”。熊彼特认为，只有通过毁灭才会发生新秩序的构建。哈佛经济学家、前企业咨询顾问克莱顿·克里斯坦森将这些过程描述为“颠覆性创新”，即本身能够撼动并重新改造产业的创新。通用汽车公司董事长兼首席执行官玛丽·博拉在杜伊斯堡－埃森大学第16次汽车论坛上的发言指出：“汽车产业在未来5年将会发生比过去50年更加巨大的变化。”

除此之外，汽车产业还有一些传统的遗留任务尚待完成。例如，解决日益严重的召回潮，汽车可靠性和质量标准的重新定位，销售渠道的重组以及“平民车”的实现等。另外，还有一些主要汽车企业的公正性和企业文化等问题，如大众汽车的柴油车丑闻、日系汽车制造商三菱和铃木多年来的汽车油耗数据造假以及在柴油发动机尾气净化上变得声名狼藉的“作弊”软件等。以上这些都显示了昨日尚且留存的一些问题，必须随同巨大的变革一起着手进行解决。

通过本书我们将讨论传统汽车制造商和零部件供应商的商业模式、思维及战略必须朝着哪个方向转变，才能避免被新的互联网产业的提供商以及实力雄厚和快速发展的企业，如苹果、阿里巴巴、百度、谷歌、特斯拉或优步所赶超。它们应当如何做才能在汽车产业的时代转折点加入王者的阵营？这不仅对于企业，对于一个国家来说亦是如此。德国通常被称为“汽车王国”，前总理格尔哈特·施罗德最喜欢被奉为汽车总理。然而，德国还会保持汽车王国的地位吗？还是说德国将在这场颠覆性变革中成为败落者呢？

目 录

1. 车型、市场、竞争者：汽车产业现状

一切始于130多年前：卡尔·奔驰以其“机动车1号专利”宣告了汽车时代的到来。在过去的许多年里，汽车产业已经多次被定论为没有未来发展前景。例如，由于石油危机，联邦德国于1973年11月采取了全国范围的禁行和无车星期天行动，又如在20世纪80年代初期，当森林灭绝处于舆论热议的中心时莫不如此。作为应对之举，联邦德国引入了三元催化转化器和无铅汽油。围绕着汽车的批评家有很多，各种环境保护联盟组织强调高速公路和长长的拥堵车队破坏了自然和城市景观；心理学家则论证人类并不适合驾驶汽车，因为驾驶汽车会激发人类的攻击性。更有令人心碎的负面纪录：1970年联邦德国有599 364人遭遇车祸事故，并有21 332人在交通事故中罹难。然而迄今为止，无论是石油危机还是其他非常事件都未能阻止汽车产业的发展，这也是因为汽车产业一直在进行调整适应，并通过不断革新使很多批判的热点得到平息。而这些无数错误判断中最为著名的一个，恰恰是由戈特利布·戴姆勒本人提出来的，他曾确信：“全世界的机动车需求量不会超过100万辆——仅仅是因为缺乏足够多的驾驶人”。一直到今天，所有的判断最终都被证实是错误的。当前的汽车产业又是怎样的一个现状，它能否

直面一个全新的时代转折所带来的挑战呢？

个人移动出行：为何销售汽车

2015年年初，全球注册在案的乘用车数量为10.2亿辆。仅在欧洲公路上行驶的乘用车就占了其中的四分之一，即2.5亿辆，而德国在官方正式注册的数量为4500万辆。在德国，如果人们使用交通工具出行，那么近乎85%的情况下人们都会使用汽车。具体来说，德国人在2014年中驾车行驶了大约9290亿公里的路。用个形象的比喻：地球与月亮之间的平均距离大约为38.5万公里，就是说，所有在德国生活的人每年开车加在一起行驶的路程大约是从这里到月亮之间往返120万次！

这简简单单几个大得惊人、超乎人们想象的数字非常清楚地表明了汽车对于我们社会的重要性。没有汽车，德国就无法运转，欧洲也无法运转，美国就更是不行。火车、公共汽车、飞机这些公共客运交通工具加在一起还不到个人交通客运能力的六分之一。而且，汽车数量、生活水平和经济发展这三者之间紧密相关，这一点可以从世界上经济发展水平不同的国家和地区的对比中体现出来。德国的人均国民生产总值为4.7万美元，而非洲最贫穷的国家，如索马里、布隆迪、冈比亚或尼日尔仅仅是这个数字的三十分之一甚至更少。非洲东南部小国马拉维每人每年生产总值仅为200美元。

非洲大约有10亿人口，所拥有的乘用车总量为2500多万辆，也就是说，每1000个非洲人乘用车拥有量不足40辆。与之相比，德国大约每两个人就拥有一辆乘用车，这其中还包括了新生的婴儿和95岁以上的老人。而在美国和加拿大，甚至达到了平均每1000人拥有790辆乘用车的程度。美国人喜欢SUV（Sport Utility Vehicles：运动型多用途汽车，即在德国这里也越来越受青睐的“运动型越野车”）、大空间轿车（Vans）和皮卡。这三种车型在当地被称为轻型客车，几乎占据了整个美国市场的60%。

乘用车、摩托车或自行车的移动出行，又叫作个人移动出行，是发展现代化工业与服务型社会的一个基本前提。没有个人移动出行就不可能产生经济的增长。在当今的社会里，没有汽车小康生活就无从谈起。因此普通汽车在我们社会里所起到的作用要远比炫目的电视广告和昂贵的高端乘用车所产生的诱惑重要和深刻得多。虽然高端乘用车生产商经常深刻地影响着我们的感受：当我们想到汽车，就会想到保时捷、宝马、奔驰，想到奥迪、沃尔沃或迷你。然而，在全世界销售的新车当中，每九辆车中才有一辆来自于这类生产商之一。2015 年，在世界范围内售出的 7830 万辆乘用车中，高端品牌乘用车销量不足 850 万辆。伴随人们行游天下的是丰田、大众、福特、吉普、日产、现代、雷诺、欧宝、标致、菲亚特、本田、斯柯达或达契亚这样品牌的乘用车。汽车是大众机动化和大众移动出行的工具，在现代化、高度发达的国家，没有汽车，移动出行将无法或只能以昂贵得多的代价来实现。

中国在过去的 20 多年中发生的变化很清楚地展示了这一点。中国所取得的巨大的经济成就可以如实地通过中国的汽车市场反映出来。1995 年，中国新车销售为 41.1 万辆，略低于荷兰的年均新车销量。到了 2005 年，中国的新车销量数字攀升至 320 万辆，差不多相当于德国汽车市场的销售规模。再一个 10 年过后，中国的新车销量已突破 2000 万辆大关。美国作为曾经最大的新车市场，甚至已在 6 年前就被中国挤到第二的位置。中国在 20 多年间从一个比肩荷兰的汽车市场成长为独领风骚的全球第一大汽车市场。

没有机动化就不可能实现国家的经济发展。中国正在与道路交通拥堵、噪声和尾气进行抗争的已不仅限于那些大城市，其间经济的发展也越来越多地从北京、上海或重庆这些人口远超千万的超级城市向这个巨型国家的地方和乡镇转移。在内蒙古一些地区，达契亚汽车是只有少数人买得起的奢侈品；而在上海，保时捷或捷豹却比在伦敦或柏林更多地出现在街景中。因此，面对汽车产业呈现出来的变化，中国国家政府积极从两条战线入手：一方面，为了地方城镇的发展，需要价格可以承受的移动出行工具；另一方面，数百万人口级的大城市需要零排放、智能化和网联化的汽车。中国的例子显示出汽车及其产业发展对我们的社会具有怎样一个巨大的政治多维性。

我们需要汽车也正是为了未来的发展。个体交通将对人们的移动出行起到多大的决定作用，在很大程度上取决于个体交通的质量。这里最大的瓶颈就是停车位、道路拥堵、交通事故、噪声和尾气。事实上所有这些问题现在都已有了或者就要有了解决的办法，而且并非是50年之后才能实现的未来乌托邦，而是一步步具体实现的，我们将在下一个10年见到并亲身体验到的发展和进步。汽车作为一个“系统”将得到根本性的完善，成为综合交通体系的一个重要组成部分：未来的汽车将不再是一个封闭的移动工具，而是网络化移动世界的一部分。

感谢电动汽车技术的出现，将使我们大幅降低尾气和噪声。采用新的数据联动技术能通过更加灵活的汽车使用方式。例如，采用汽车共享系统，让成本明显下降，并同时让大城市中的汽车数量乃至停车位数量明显得到更加有效的利用。而自动驾驶技术更是最终将人这个因素在驾驶中可能产生的失误降低，从根本上提高安全性。“零愿景”，即以绝对零事故死亡和重伤为目标的完全交通安全，也第一次让人感觉触手可及。在接下来的章节中我们将就这些划时代的变革以及它们的预期和风险进行深入探讨。

网联化、零排放和更加安全的“新型”汽车将为我们的移动出行助推一臂之力。相反，一些轨道连接、集中化管理的交通承运机构，例如，德国联邦铁路公司，未来将会举步维艰，特别是它们本身就背负着历史沉重的负担，正是这些沉疴成为它们及时调整结构战略、面向未来的阻力。

我们有大量充分的理由来预测，与以往相比，未来的汽车销量会更加高居不下，同样更有可能的是，未来汽车将在我们的个人移动出行中占据更大的比重。戈特利布·戴姆勒错误地提出了他的预言，因为他低估了汽车作为一个系统的革新力量。个人移动出行将与当今世界的数字化一起，使汽车这个系统的市场份额不断扩展并最终融合到移动网络世界中去。

新兴工业化国家：现在和未来汽车将销往何处

全球汽车市场的长期前景又将如何呢？为此我就借助于图 1 的汽车市场的发展模型，对用于汽车市场长期性分析的标准预测模型做一个示范性的简述。基本的假设前提很简单：一个国家的人均收入越高，人们能够负担一辆汽车的可能性就越大。图 1 中人均收入沿坐标轴 *X* 标出。

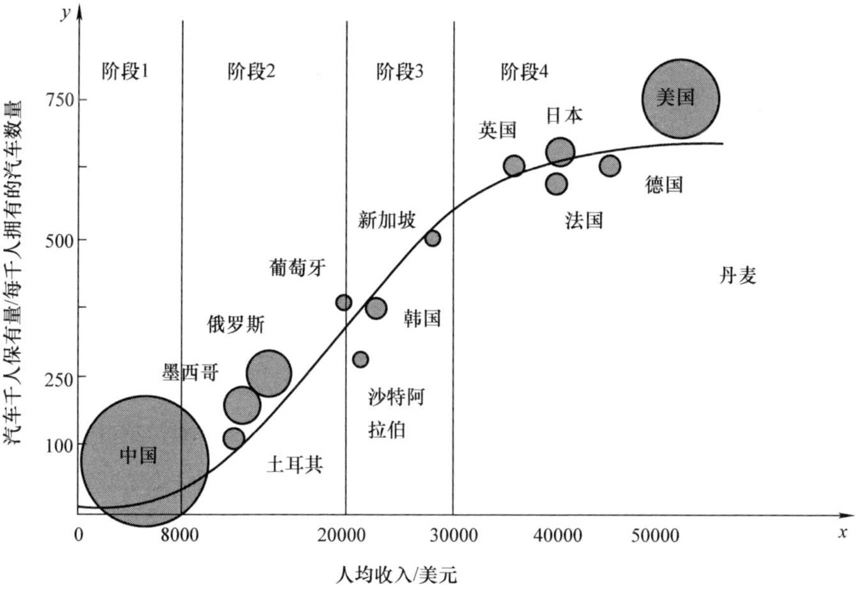

图 1　汽车市场的发展模型

一个国家购买汽车的人数越多，汽车保有量的增长就越快，因此每千人拥有的汽车数量就越高。这个参数又称为汽车千人保有量，它用 *y* 轴来表示。图中的圆圈代表各个国家，圆圈的大小与人口数量成正比。我们从过去的经验中可知，人均收入上升，机动化的发展会超过收入增加的比例（图 1 中的阶段 1 和阶段 2）。从某个特定的汽车保有量，也就是大约在每千人拥有汽车数量 400 辆左右开始，机动化的速度会放缓，汽车市场过渡至饱和阶段（阶段 3 和阶段 4）。此时的汽车市场的存在主要依靠替换需求，即以新车替换旧车。

虚线部分的曲线展现了在现实中经常可以观察到的一种趋势走向。它类似于一种机动化过程的路径，汽车保有量，即一个国家中公路上所有登记在册的汽车，都会沿着这样一条轨迹发展。曲线本身可以理解为两个指数函数的组合。在阶段 1 和阶段 2 中是一般众所周知的指数函数，在阶段 3 和阶段 4 中则是一个“逆”指数函数。两个函数组合而成的曲线也被称为逻辑函数。用逻辑函数可以很好地描述简单的增长过程。举一个细菌在封闭的玻璃器皿中生长的例子。细菌首先以指数级的速度繁殖，也就是说，其数目在某个特定时间段内不停地成倍增加，这个过程一直持续至细菌的生存空间变得过于拥挤，并从这个极限起增长率开始下降。我们来看图 1 中的中国：中国的全国平均机动化程度较低。每 1000 个中国人拥有汽车数量不足 70 辆。与此同时，中国的全国人均收入也会明显低于 5000 欧元的界限。如果现在经济开始增长，中国的国内生产总值就会上升，这样人均收入也会随之提高。当人均收入提高时，圆圈就会沿曲线向右移动，那么汽车千人保有量也会随之上升，因为收入的提高使汽车的销量增加，汽车市场获得成长。通过这样一个简单的关系，我们就能够预测出全球的汽车需求究竟能提高到何种程度。

为了更好地理解这一点，我们进行一个大致的分析，将中国的市场与世界几大饱和的汽车市场——北美、欧洲和日本进行比较。以上三个地区合计居住着将近 9 亿人口，该地区的汽车保有量为平均每千人 615 辆。这个数字就像图 1 中模型所显示的那样，在很大程度上一直保持稳定。每年在这些地区卖出 3500 多万辆新车。这里的新车主要是指所谓的替换需求，也就是说用新车替换旧车。那么面对这样一个框架前提，中国的市场潜力理论上究竟有多大？我们假设中国的经济增长是一个持续的过程，在这个过程的大约 30 年后，人均收入达到了与西欧同等的水平，那么根据我们的模型，就意味着 13 亿人口的中国年新车市场销量应超过 5000 万辆。整个市场与 2015 年的 2000 多万辆相比会再翻超过一倍。显然中国的增长还远没有结束。

所谓的新兴工业化国家30年后预计总共约有人口74亿，目前，这些国家汽车千人保有量为81辆。我们再进一步思考我们的模型：如果到时这74亿人达到了与在北美、西欧和日本所看到的同样的机动化发展模式的话，理论上就会得到每年将近有2.9亿的新车销量，加上北美、西欧、日本三个饱和市场上的3500万辆，就会产生年销售3.25亿辆汽车的潜在市场，而2015年全球汽车的实际销量是7800万辆。根据我们的潜力估算，30年后全球汽车市场规模与现在相比应不止四倍：这是一个巨大的发展机遇。

当然，这只是一个纯粹理论上的模型计算。一个可靠的预测为了显示严谨性，除推算之外还必须考虑一系列其他因素，如资源、人口结构演变、看待汽车的态度等。尽管如此，我们在此计算的基础上仍然能够有理由断言，全球的汽车市场还远未达到极限，更多的依然处于其发展的初期阶段，但前提条件是始终有像北美或西欧那样的经济增长。

一个关键性的猜测指出：汽车市场的饱和极限还会保持在每千人500辆左右吗？还是这一数字将会有所缩减，抑或是增加？汽车共享模式先是指向了饱和极限的一个缩减趋势。这样就产生了一个疑问：要多少汽车共享才行？大城市中的汽车共享肯定明显要比农村地区更有利于实施。然而，就像谷歌公司所展示的谷歌汽车那样，这些新的汽车形式同时也意味着会有更多的人群，比如儿童、盲人或高龄老人也将独立使用汽车。这样就增加了车辆的使用，饱和极限就趋于上移。此外，还要再加上与像德国联邦铁路公司这样的集中化管理体制相比的胜出优势，这些体制一成不变，缺乏创新，多半会属于未来移动出行的失败者。如果是这样，那么未来的铁路出行将会被汽车出行所取代，这就又会将我们图1中的饱和极限重新向上推移。总而言之：我们不能十分肯定地说30年后德国的汽车千人保有量究竟会怎样，但从趋势上看，尽管由于共享经济的影响，还是趋于上升势态。

但也很显而易见的是：德国和欧洲对汽车产业来说变得越来越无足轻重。汽车的销售市场在亚洲、东欧，如果非洲大陆能够实现经济增长的话，市场也会在非洲。更为关键的是汽车产业已然迈入了一个全新的地带。由于全球性的环境负担、资源枯竭和气候变化与这样一种基于当前技术水平的增长模式已无法协调，因此汽车产业必须彻底转型，向电动汽车的方向发展。使用风能和太阳能发电向我们提供能源，以确保新兴工业化国家的机动化发展与我们的环境保持一个合理的平衡。正是出于这些原因，电动汽车在德国遭受政客们的无视让人感到十分不可思议，毕竟汽车在我们这个社会中的未来发展和所处的地位与其革新能力有着最直接的关系。

我们至今所处的大环境里，整个行业的特点主要是以独自拥有一辆汽车为荣。汽车制造商及其品牌是万众瞩目的焦点。然而，这些实力雄厚的大型汽车集团和它们激情澎湃的产品，其情感因素的影响力却在逐渐暗淡，汽车正在蜕变为一个移动系统的组成部分，并且也正是沿着这样的未来前景进行新的发明创新。预计未来汽车的制造会更多地成为一项“后端办公”业务，而“前端办公”业务则可能基于应用的模式。未来商业模式的成功将主要依靠“点击率”来赚取，而并非一定要靠硬件汽车。也许未来的汽车将免费赠送，这些自动驾驶的汽车将作为购物平台提供给消费者使用。就像智能手机早已不再是一部电话，仅在中国，人口数百万的大城市里就有绝大部分居民都在通过智能手机进行网络购物。

情感、SUV 热潮和更强的动力：如何销售汽车

在 20 世纪八九十年代，美国是保时捷汽车极为重要的市场，尤其是保时捷 911 涡轮增压系列就更不用说，哪里都找不到像在美国那样有如此众多的忠实买家。当时被保时捷车迷称为“Turbo”的这款车型并非一辆简单的汽车。它因所谓的“涡轮迟滞”而名声不佳，当节气门全开时，会有一段时间几乎没有什么反应，过一会涡轮才开始发力，汽车如同火箭一样突然射出去。然而在狭窄弯曲，甚至路面可能会湿滑的道路上，Turbo 才展现出它

真正出色的一面，此刻它无可匹敌，不过也非常难于驾驭，是一个真正的“男人的东西”。驾驶 Turbo 的人必须对驾驶超有感觉，或像工程师们所说的，心中要有一个“直觉传感器”。

我那时在保时捷公司负责市场调研，那段时间的一个重要议题就是让 Turbo 变得“更温顺”。这符合普遍的时代精神：社会价值观渐渐远离大男子主义，也不再需要“用牙关咬紧你的方向盘”这样的情感诠释。新的客户不再是赛车迷，而是收入优越的管理层们。一个老生常谈的问题就是：美国的客户们会对一个被驯服的 Turbo 保持忠诚吗？于是我们去了美国进行市场调研。在美国，街道都是笔直的，远距离公路限速 60 ~ 75 英里/时（相当于每小时 95 ~ 120 公里），铺设得非常适合于舒适地一路飞驰。我们的问题是，为什么美国人对 Turbo 如此狂热，如果车变得顺服，这种“疯狂热爱”会不会平息下来？

调查带来了一个令人吃惊的结果。所有受调查的 Turbo 驾驶人都很清楚地知道，他们在美国根本无法让这款跑车发挥作用，但是他们并不想放弃这台驾驶机器。有些人这样告诉我们：“当我在红灯前停车时，我旁边的丰田车或福特车驾驶人都知道，只要我愿意，我就是老大……但是我并不愿意……”。此刻我们明白了什么是情感。这有点像沉浸在一个世界中，人变成了一个虚拟的英雄，尽管在现实中他只是一个内审员或投资银行家。对于这种情感来说，想拥有在其极限范围内原本无法使用的东西才是最重要的。对于汽车的情感就意味着，能够在极限范围内移动。这种感觉会随着诸如功率数字的增长而增加。我们从中得出结论，如果我们将 Turbo“驯服”，并让其变得更容易驾驶的话，美国人并不会对 Turbo 有何怪罪之情。只不过我们必须通过功率数、马达声或底盘性能让他们确信，Turbo 将仍然是一款卓越的汽车。

汽车对很多人来说不仅仅意味着从甲地驾驶到乙地。对于汽车品牌来讲，仅依靠产品销售员同样远远不够，在品牌里情感因素扮演着重要的角色，这些情感因素被诠释为驾驶动力、加速效率、高档内饰、运动设计等。超过50%的汽车购买决定是因感情的冲动而做出的：因为我们想用汽车来表达某种生活的感觉，想在周围的惊叹或嫉妒中洋洋自得。简而言之，汽车是身份的象征。即使越来越多的其他产品如智能手机、平板电脑、冒险运动或体验旅游等尤其在年轻客户中作为身份的体现与汽车形成竞争，但始终不变的是：没有情感作为纽带的汽车会极难找到购买者。即使是环境友好、低排放等技术上的高标准也无法改变这一点。第一批量产电动汽车如三菱 i-MiEV 就经历过这样惨痛的教训，并最终因此而在市场中悲惨地走向没落。与之截然相反的是，特斯拉创始人埃隆·马斯克从一开始就为他的汽车注入了情感因素。在整个特斯拉的车型系列中，从敞篷跑车到特斯拉 S 型轿车直至特斯拉 X 型 SUV，动感驾驶行为、加速和设计都如同在宝马、保时捷或奔驰那里一样扮演着重要角色。

动力性、敏捷性、运动性、驾驶乐趣，所有这些属性都将转化为技术参数，研发部门的工程师们根据这些参数编制他们的设计任务书，并进行汽车的构造设计。其中最重要的一个参数就是发动机功率，对它来说越大越好几乎永远适用。从几十年前开始，汽车制造商们就已经围绕着更强的汽车动力展开竞赛。大家都朝着同一个方向努力狂奔，即更加富有运动感，更加敏捷。1995 年一辆新车的平均功率还在 95 马力[㊀]，一辆中低端车，如 90 马力、1.8 升排量的大众高尔夫 3 在当时算是相当出色的机动化配置。到了2000 年，德国售出新车的发动机平均功率提升到 111 马力，2005 年为 123 马力，5 年后达到131 马力，而2015 年售出新车以 144 马力的平均功率刷新了纪录。如今为高尔夫 7 配置的发动机中功率最弱的也有 86 马力，配置在

㊀ 马力是工程技术上常用的一种计量功率的单位，一般是指公制马力。人为约定 1 公制马力等于每秒钟把 75 千克重的物体提高 1 米所做的功。即：1 公制马力 =75 千克力 · 米/秒 =735 瓦特。

明显较小的 1.2 升排量的汽车中，好在安装了涡轮增压系统，让所有在城市交通中缓慢爬行的驾驶人体验到与之前的 GTI 驾驶者所感受到的同样强劲的驾驶动力。欧宝的微型车 Adam 最强劲的发动机配置（1.4 升涡轮增压 150 马力）的百公里加速时间可达到与同马力的 1963 年制造的保时捷 911 相媲美。目前德国的新车已经比 1973 年制造的保时捷 911（即至 1973 年为止在 911 T 2 4 版本中的 130 马力配置）发动机的功率高出 11%。而这场功率的竞赛肯定还会持续下去（见图 2）。

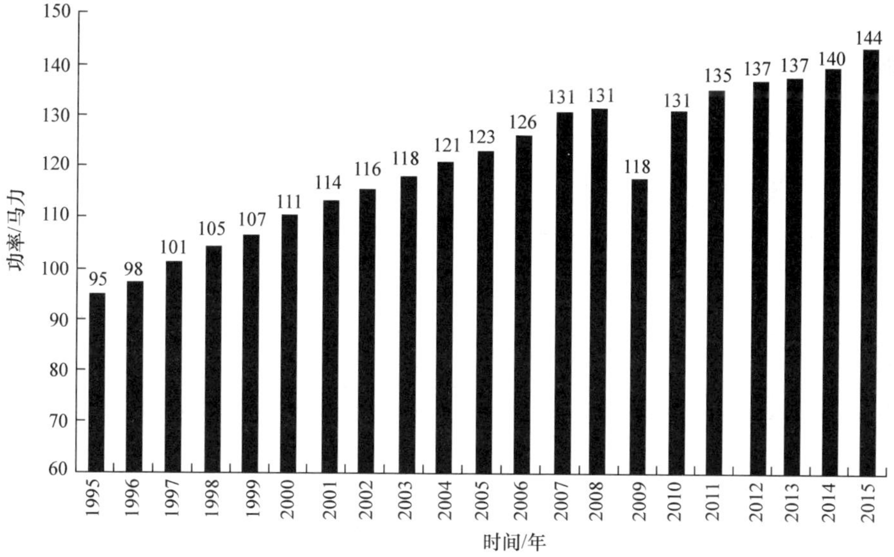

图 2　德国汽车功率数随时间发展趋势

2009 年是独一无二的一年，让人们看到了新车功率竞赛的显著性突破。这一年德国正在实行国家旧车报废补贴政策。任何人购买一辆新车，并将他的旧车送交碾压报废处理，就能从国家那里获得 2500 欧元的旧车报废补贴。这是当时的政府的一种独特的送钱方式，意在全球金融危机后重振德国的汽车市场。2500 欧元的赠款对于 5 万欧元一辆的豪车来说也许根本不算什么，但对于一辆 1 万欧元的车来讲却形成了巨大的购买刺激，因此在这一年德国的微型车市场前所未有地火爆。

2012 年以来原油价格的大幅跌落反而大力助推了 2014 年和 2015 年的

新车功率数。低廉的燃油价格让汽车行业的另一个全球性趋势如虎添翼：这就是运动型多用途汽车（SUV）的大获全胜。2015 年德国有 62.5 万辆 SUV 作为新车注册，这使德国每五辆新车中就有一辆是 SUV；而且趋势还在增长。1995 年德国卖出了 6.78 万辆 SUV，而 2016 年将有望是这个数字的 10 倍。

截至 2015 年年底，德国汽车市场上的 46 个国产品牌中尚有 12 个品牌未将 SUV 列入其车型产品线，可以预测最多三年以后，这些国产品牌将进一步缩小为只剩 4 家：阿斯顿马丁、布加迪、法拉利和路特斯。没有 SUV 产品，今天的汽车制造商就不再具备竞争力。从达契亚的 Duster 紧凑型 SUV 到宾利的首款 SUV 添越（Bentayga），SUV 在所有的细分市场上无所不在；它同时也囊括了所有的车身尺寸：下至微型车如宝马迷你，上至奔驰 GLS 这样的 S 级规格的 SUV。由于 SUV 外形要高于同类型的豪华轿车，因此空气阻力也较大；另外，相比较而言它们也更大更重，因此 SUV 一般会多出 20%～25% 的油耗也就不足为奇。在德国，几乎三分之二的 SUV 都采用柴油发动机提供动力。大功率的轿车和 SUV 对于汽车制造商来讲首先是件值得高兴的事。经验法则告诉我们：客户买到汽车的功率数值越大，生产商的毛利润就越高。这不仅仅是由于大功率发动机的售价更加昂贵，还在于功率强劲的车型通常配置也更高端，这也额外增加了利润。这就是 SUV 和功率的关系中美妙的一面。

然而也有不那么美妙的一面，那就是较高的油耗以及由此导致的温室气体二氧化碳的高排放，这里还要算上柴油发动机氮氧化合物的排放。在减排法规要求日益严格的时代，这可并不是一件有光明前景的事。虽然说，将与环境协调的车型与注入情感因素的客户需求有机地统一起来，对于汽车产业来说绝非是一个新挑战，然而这个挑战在未来并不会越来越小，而是更趋向于相反。尤其是大众汽车的尾气造假丑闻和所有汽车制造商在柴油发动机技术上所暴露出来的弱点显示出，所有的汽车制造商依然远远滞后于技术的发展潜力和必要性，并且在零排放动力技术上的投资过少。那些将产品策略押在情感价值和功率强度上的生产商尚能取得一定的成功，然而在未来仅有这些远远不够。能够转变思想，让客户逐步地去了解和熟悉体现这些价值的新观念和新技术，这从发动机的发展趋势中就能得到体现。在过去，为彰显尊贵，12 缸发动机是衡量一切的绝对尺度，6 缸发动机则是一种起码的必备。紧凑型 6 缸发动机为宝马打开了跻身运动型豪华车的途径。而目前奥迪的某些车型和宝马的新车却采用的是 3 缸发动机作为动力，如宝马 318i 或宝马 218i 敞篷车。即使在宝马跑车宝马 i8 中装备的也是一个涡轮增压 1.5 升 3 缸发动机与一个电动机的组合。

情感因素并不受缚于任何一种传统，而是能够设计创新并使之适应社会的价值观。那个保时捷 911 Turbo 在美国市场调研的小故事，多缸发动机信条的“土崩瓦解”，以及特斯拉低噪声的电动汽车都以特别的方式体现了这一点。

多样性、灵活性与尺寸规格：成功的汽车销售还需要哪些决定性因素

SUV 热销是汽车制造商们精心打造产品战略的一个实例：原本是考虑用于非常特殊的用途，从而应用范围极为有限，即专门用于山地的一款车型，转而面向大众化市场，也就是平民百姓。这样一来，不仅产生了不同厂家、尺寸、形状和配置天差地别的 SUV：设想一下，我们将一辆斯柯达 Yeti 和保时捷卡宴摆在一起会是怎样的效果；而且生产商自身也提供规格数量繁多的产品，也就是不同尺寸的 SUV。例如，奥迪的 SUV 就有小型规格的 Q2、紧凑型的 Q3、中级车的 Q5 以及最终 XXL 超大规格的奥迪 Q7。这样自然还不算完，早在 2008 年宝马就已经凭借 X6 成功推出了一款经典 SUV 款式与轿跑的组合车型。该车型短时间内即取得了不俗的销售业绩。其决策意图很明显，不仅要将 SUV 的多种标准规格引入市场，而且还要各自再加上

一个 SUV－轿跑的车型变化。这样产品的品种就从四个不同规格等级的 SUV 马上演变为 8 个不同的 SUV 车型系列。

2016 年年初，英国汽车品牌路虎推出了一款敞篷版的 SUV，即路虎揽胜极光敞篷 SUV。如果这款敞篷版车型能够引起客户的共鸣，那么这对 SUV 车型进一步多样化会意味着什么，人们可以尽情地展开想象。

即使在美国极受欢迎的，但在德国的汽车市场上的销售很少的皮卡，总共加起来也能有近 500 个不同的车型变化，比如大众就有高尔夫、高尔夫旅行轿车、高尔夫 Sportsvan、高尔夫敞篷车、甲壳虫、甲壳虫敞篷车等。这些车型的每一种配置都有不同的发动机和众多配置的变化，有手动档或自动档，有四轮驱动或前轮驱动，有不同的内饰、颜色、轮胎等。如今作为汽车生产商，谁若是不能提供多样化的产品以及不能覆盖所有的小众市场和细分市场，谁就会损失市场份额。这就是类似欧宝在 21 世纪初所遭遇的命运。而如果要提供全线产品，就必须有能力处理物流和生产中的复杂性，宝马的前董事会主席诺伯特·雷瑟夫早在 10 多年前就在一次演讲中提到过这一点。宝马当时能够提供 10^{32} 种不同汽车种类的变化。这相当于 10 后面带了 32 个零。这样一个数字作为一个正常人根本无法想象。可以更形象一点：如果宝马自 46 亿年前地球诞生之日起就每年生产 100 万辆汽车，那么到今天可能都不会制造出一辆重样的汽车。每一辆车从这种意义上来说都将是“孤本”，至少会在一个细节上，如颜色、发动机、配置等方面会有所差异。

精于处理生产中的复杂性是如今汽车行业的一个极为重要的成功因素。这里面临的一个挑战是：既要向客户提供多种多样的可选产品，同时又不会陷入无法承担成本的境地。正因为如此，汽车制造商们采取了一种乐高原理的工作方式。它们尝试着将一个个的汽车部件标准化，就像装在不同基础桶和不同主题桶里的乐高积木那样。汽车制造商们的乐高积木叫作模块、同类件和零部件。人们的任务是给汽车定义出一个基本的架构，采用这个架构可以涵盖几乎所有的车型变化。

乐高游戏先从发动机开始，在宝马汽车上，这些发动机可以用在紧凑型的宝马1系、宝马2系和宝马3系上，甚至可能用在宝马5系上。游戏继续沿着变速器、车轴、制动系统、车轮、座椅、车门，甚至车把手或电动车窗玻璃升降器等进行下去。这一步做得越好，主要由零配件供应商加工制造的每种零部件的产量就越大。对零配件供应商来说，一个零件的产量越大，就越易于“分摊”零件的开发成本或模具成本。这就是“规模经济”效应，即通过规模产生成本优势。对于汽车制造商来说，规模经济是一个成功的关键因素。然而，诸如市场龙头企业那样的巨头公司，如果平台或模块方案不佳的话，甚至可能带来劣势。因为单纯靠规模并不够，关键是车辆架构设计的核心智慧与规模化相结合，才造就了成本优势。

图3给出了一种模块化汽车架构设计的实例。从图3中可以很清楚地看到，这个架构中只有一个区域，即所谓的车身前挡板部分是固定的，是“不可拉伸”和“不可压缩”的。所有其他的“连接件”则易于变换。这样就有了一个乐高积木的标准化系统，采用这个系统人们就可以以合理的成本结构制造出很多不同的车型。

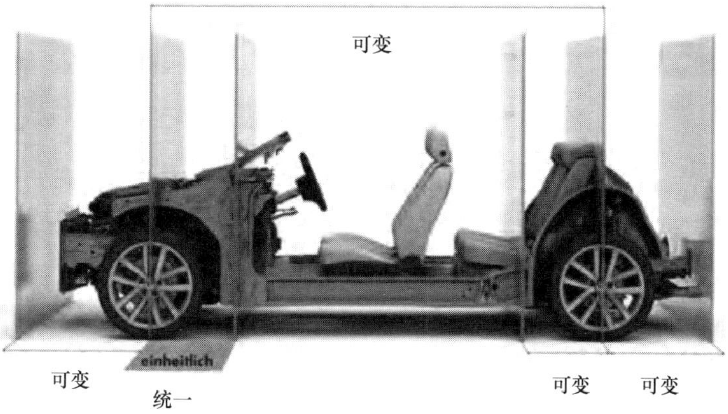

图3　模块化汽车架构设计实例

当今的汽车产业是一个集合了物流、生产和产品研发过程中高水平核心技术的复杂综合体。这些核心技术是作为汽车制造商取得成功的基本前提，即便未来行业如何面临挑战，它们都不会失去其重要性。行业的新来者必须学会认识这一点，否则在入行时就会遭遇失败。

除了掌控复杂系统的能力和规模经济外，即由于销量巨大成本结构改善所产生的优势，行业中还有另外一个极为根本的成功要素：即柔性。通常情况下，汽车制造商制造出来的一辆汽车的产值，这个产值中零配件供应商占了75%。对于生产商来说，剩下的四分之一中有差不多一半为劳动成本，约40%为生产设备和机器人成本，如利息或折旧等；剩下的是其他成本，如能源、建筑等。如果现在由于客户订单下降而导致生产线停产，那么仍然会产生设备成本；如果采取缩短工时的办法，也仍然会产生劳动成本。生产不运转或运转太慢，生产商都会立刻产生亏损。如果一个汽车制造商的产能低于85%的利用率，账面就会出现赤字。尽可能保持装机产能的高利用率，在经济效益方面显然会比规模经济更为重要。

保时捷公司在其前董事会主席文德林·魏德金领导时期成为股票投资者们的模范企业，盈利能力方面也成为整个行业的标杆。魏德金的生产体系做到了生产长期保持接近产能极限。其理念很简单却很独特。保时捷在魏德金时期生产的车型是911和Boxster，后来又有了卡宴和Panamera。在当时唯一的工厂，也就是位于斯图加特市祖文豪森地区的总厂里，生产设备被设计规划成既能生产不同车型变化的保时捷911，也能生产保时捷Boxster。整体设备建造为满足预期产量约80%的需求。“超额需求”则由外来的生产服务商，芬兰的Valmet公司来弥补。需求增多时Valmet公司会采取加班制，相反在萧条时期销售减少时，芬兰Valmet公司就会出现问题，而斯图加特保时捷本部的生产则一直保持平稳。这样生产服务商就起到了一种应对需求波动的保险功能。

宝马公司也一向十分重视柔性生产，那里生产体系的设计使得无论需求状况如何不同，工厂的生产始终能接近装机产能。这是因为一方面每个宝马工厂都是一个车型的主厂，同时又是其他宝马车型的补偿工厂。一旦宝马3

系由于换型而导致需求回落，则只由宝马3系的主厂进行生产，而补偿工厂里则由其他车型取代宝马3系的生产。需求一旦回升，补偿工厂里的生产也可以迅速重新启动。另外，工厂还配备了一种具有高度灵活性的工作机制。宝马决定在莱比锡设立生产基地的一个关键性指标就是工会同意将工时账户在80%～140%的时间范围内浮动记账。如果在莱比锡工厂生产的一个车型需求量很大，那么职工的工时安排可以立即增加，而无须马上支付加班津贴。第三，类似于以前保时捷公司与芬兰的Valmet公司那样，通过生产服务商来建立一个缓冲保障机制。宝马公司也使用生产服务商，比如在荷兰用的就是同样生产宝马迷你车型的Nedcar公司，对宝马公司来说，这也是盈利的一个决定性因素。因此要想成功，不必一定要最大，机动性或灵活性显然更重要。2009年6月初，当时最大的汽车制造商通用汽车的破产也显示了这一点。那是美国历史上最大的破产案，通用汽车在2009年被迫根据美国破产法第11条申请债权人保护，免除了大部分的债务，而企业则由美国政府参股重组为“新”通用汽车。

巨头也会失败得很惨烈，这样的例子很多。丰田作为最大的汽车制造商在2011年陷入危机，遭遇巨额亏损，因为它没能在需求下滑时及时“刹车”，过于片面地面向日本和美国市场，同时巨大的召回行动使企业瘫痪。大众集团前总裁文德恩一心以庞大的规模将别人置于阴影之下，众所周知也是铩羽而归。戴姆勒前总裁尤尔根·施伦普盘算着通过与克莱斯勒的“天堂婚礼”以及收购三菱股票，企图以规模经济统领汽车界，最终戴姆勒－克莱斯勒跌入危机的深渊。人们不可低估汽车界的大卫们㊀，宝马、法拉利、保时捷和捷豹都深刻地证明了这一点。

总而言之，尽管面临前所未有的急剧变革，汽车产业在未来预计仍然会

㊀ 《圣经》中年幼的大卫王用石头击中巨人的额头，保卫了祖国和人民，这里是指以小博大。——译者注

有良好的发展。尤其在新兴工业化国家，市场还远未饱和。移动市场上的竞争者们，首当其冲是德国联邦铁路公司，实力较弱，缺乏灵活性，并且革新周期过长，因此这类企业和它们的产品早已落后于时代。

汽车产业一个显著的优势在于这个行业历经数十年建立起来的高度复杂与分工细致的市场发展机制。这个体系内充斥着功率强劲、情感化的产品，以及饱受诟病的环境资产负债。同时这个体系内部也暴露了在过渡到一个新时代过程中的极大风险：汽车制造商们一如既往，几乎完全依赖于它们的内燃发动机。

而最后，汽车制造商们极度关注于产品。对该行业来说，产品的含义等同于“安装着四个轮子的”硬件汽车本身。而在将来产品汽车将会被重新定义。企业如果继续将注意力放在四个轮子的汽车硬件上，将会面临巨大的风险。而关注于汽车移动功能的企业，已经做好了起跑的准备。下一章我们将具体来看一下我们所面临的挑战。

2. 现有商业模式中的风险

尽管个别企业遇到了一些问题，过去的 50 多年仍然是汽车产业的成功时代，产生了一批大型的汽车企业，如丰田、大众或现代起亚。德国的高端汽车制造商宝马、奔驰以及具有强大创新实力的零配件供应商博世集团、大陆集团、采埃孚集团都处于世界顶尖的位置，德国也从中获益巨大。然而，时至今日仍然还有一系列的常规功课尚待完成，几个令人棘手的挑战主要如下：

- 新兴工业化国家的移动出行产业——如何以合理的价格可持续满足这些重要市场的需求？
- 召回行动越来越频繁，代价越来越高。如何能堵住这个恶性循环？
- 推高成本的头号源头是汽车销售及其昂贵的交易结构。如何能重新构建销售渠道？
- 我们的社会正在发生价值观的转变；虚拟产品成为必备品。汽车失去了其作为身份象征的地位，我们应如何做出反应？
- 随着大众“柴油门”所引发的关注，实际的有害物排放标准未来必然要改变。汽车产业的解决办法是什么？

达契亚革命

20世纪90年代末，“丛林医生”阿尔贝特·施韦泽[㊀]的重孙，雷诺公司前总裁路易·施韦泽开始着手重振罗马尼亚的汽车品牌达契亚时，多数大汽车制造商的总裁们都认为他疯了。达契亚的生产厂已破败不堪，汽车质量堪忧，销路日渐低迷，这家国有汽车制造企业看起来很不景气。直至施韦泽领导下的雷诺公司通过控股该公司的51%，在5年后的2004年又增持至99.3%，进入罗马尼亚市场。作为经济学家的施韦泽确信，在20世纪90年代处于低谷的前亚洲四小虎中国香港、韩国、新加坡和中国台湾会在可见的将来重整旗鼓，并与其他亚洲和东欧地区一道创造新的经济增长。根据本书第一章的经济增长模型，经济增长就意味着对汽车需求的提高。此外，如果能成功造出一款廉价车，那么汽车产业就会从新兴工业化国家的全民机动化过程中获益。

路易·施韦泽的想法是，通过售价5000美元的汽车为机动化出行的普及推波助澜。在新东家领导下的达契亚及其第一款车型，达契亚Logan，对于当时的雷诺总裁来说应当是起到了蓝图般的作用。达契亚Logan于2004年以略高于5000美元的价格在东欧开售。这款车型外观并不漂亮，但施韦泽并不想在设计上赢得奖赏，而是最多获得一个买得起的汽车的赞誉。他做到了。在10年之间，达契亚汽车的技术基础平台，所谓的BO平台的年产量从2004年的5.7万辆飙升到2014年的114万辆。达契亚的车型系列目前包括了微型车Sandero、客货两用车Logan LMC、高顶客货两用车Dokker、大空间轿车Lodgy和SUV车型Duster。达契亚坚持的原则就是，始终以低于

㊀ 20世纪人道精神划时代伟人、著名学者及人道主义者。提出了“敬畏生命”的伦理学思想，1952年获得诺贝尔和平奖。——译者注

下一个竞争对手 30% 的价格提供坚固而可靠的汽车。达契亚的汽车在有些市场上也作为雷诺的副品牌销售，尽管售价低廉，但仍然取得了经济上的成功，盈利不菲。如果没有达契亚，雷诺公司在欧元危机期间会很难看。达契亚 Logan 最先宣称的是面向新兴市场销售，但德国的雷诺经销商极力敦促进口商将 Logan 引入德国市场，并威胁说否则经销商将自行从东欧进口汽车，之后这种限制迅速被打破。2005 年 6 月，Logan 以 7200 欧元起的价格进入德国市场。这是与行业流行的“更快、更美、更强”背道而驰的设计。如今达契亚已经发展成为德国最具价值实力的品牌。销售绝不打折扣的世界之最并非保时捷、奥迪或奔驰，而是达契亚。就像达契亚的一切都彻底围绕着低预算战略一样，经销商的返点为 5%，有意定得极低。在最吞噬成本的销售环节，从一开始就注意以绝对最低的成本来操作。达契亚遵循的是一个清晰的经济性原则，而不是工程师们的方案。可能这就是大众集团虽然经过多次尝试，比如参股日本微型车生产商铃木失败，至今旗下没有一个能像达契亚那样的廉价品牌的原因。

如今达契亚在罗马尼亚的生产总部每小时工资包含附加成本算起来还不足 6 欧元，与之相比德国是 52 欧元。反之，使用机器人生产在罗马尼亚的价格与在法国或德国同样贵，因此在生产中尽可能多地使用劳动力而少采用自动化。回归更多的手工劳动，因为这样更便宜，施韦泽为达契亚设计的厂房建筑方案也体现了这一点。这些使达契亚与斯柯达产生了明显的区别，后者在捷克的自动化使用程度与大众的德国制造厂几乎一致。在价值链的所有环节都竭尽所能地简单化，这个理念造就了低价供应商达契亚的成功。人们在达契亚也看不到像其他汽车制造商那里几乎无数的个性化产品的选择。这种多样化需要的是一个高度复杂的物流结构，在这个结构中，比如喷涂成蓝色的外后视镜要“精准化顺序供应”，即精准地按顺序供货到装配线上。对这种复杂性的把控要很高的成本，需要在整个供应链上配备极其精确的计算机程序和运输系统。达契亚取而代之秉承的是现代流水线生产的发明人亨利

·福特的基本理念，亨利对于个性化的态度在其著名的福特 T 型车，俗称 Tin Lizzy 上的观点颇为传奇："您可以选择任何一种汽车颜色，只要它是黑色的。"尽管如此，这款 1908 年上市的汽车在很长时间内都是世界上卖得最多的汽车。

以行业的绝对最低成本生产，确实是一个费尽心思的体系。最低成本原则贯彻整个价值链的所有环节，从像钢材这样的原材料生产商开始，到在销售店里的销售。达契亚是汽车工业里一个截然不同的世界，这个世界对于像印度这样的国家来说及其重要。在印度，大部分新车的售价折合约在 4000 欧元上下。雷诺 2015 年年底开始在印度提供自己品牌名下的 SUV 车型 Kwid，起始售价 26.2 万卢比，仅不足 3800 欧元。Kwid 仅在几个月后就在印度领跑销售。对于新兴工业化国家来说，"Budget Cars"（又称廉价车）逐渐成为经济发展的一个重要驱动力。到 2020 年，预计全世界每年将有超过 1500 万辆新车在廉价车市场上销售。这一细分市场的容量几乎相当于整个美国的汽车市场。然而廉价车并不一定就会自动成为成功的保证。印度汽车制造商塔塔公司售价不足 10 万卢比，折合不到 2000 欧元的塔塔纳米车昙花一现的例子就是一个明证。家族集团塔塔公司的前老板拉坦·塔塔想以最简约化的汽车重新定义从摩托车——这种在印度年销新车 700 万辆以上的大众交通工具到汽车的过渡。塔塔的考虑是，哪怕从"两轮车市场"仅仅赢得 20% 的客户到汽车市场，就已经意味着仅印度每年的纳米车销售量就可达近 150 万辆。

然而 2009 年年底纳米车刚入市后不久，这款小东西就成了塔塔公司代价巨大的废物：产品缺少客户。这款超低成本的小汽车与客户的需求相差甚远。客户虽然一开始觉得这辆与一辆电动自行车价格相当的汽车很具吸引力，但实际使用起来却一再感到失望。缺少安全配置（没有安全气囊，没有安装儿童座椅的位置）；行李箱过小，只能从车内打开；由于形状、大小和重量的关系，行驶在崎岖不平的乡间道路时，道路附着稳定性欠佳；内部空间几乎容不下四个成年人；更不必说车身以廉价的塑料代替钢板，座椅更适合露营而不是驾驶，只有唯一的一个刮水器，带里程表的仪表盘安装在驾驶位与前排乘客位的中间位置，而不是驾驶人的视点内。所有的糟糕点列成清单比这辆迷你车本身的长度还要长。更何况还有一个一点也不“性感”的设计，再加上有几辆纳米车起火的负面新闻报道；最终其本身的低价位卖点也成了诅咒而不是保佑：消费者宁愿购买竞争对手的降价车或直接买辆二手车，也不会光顾一眼塔塔纳米车。开着“全世界最便宜的车”根本得不到邻居们的青睐。

即便如此，廉价车依然扮演着重要的角色，比如像在中国农村地区机动化普及过程中所表现的那样。尤其是上汽通用五菱汽车为此于 2012 年创立了宝骏品牌。三年以后，宝骏已卖出了 46. 35 万辆新车，并且以高增长率不断扩张。

对于德国汽车制造商，尤其是大众集团来说，廉价车至今仍是一个巨大的挑战。德国的汽车制造商们还没有拿出廉价车的可行方案。而要跨越廉价车和锐意创新的高端车两方之间的巨大落差，是这些大品牌当前亟待解决的最紧迫的任务之一。不占据廉价车这一细分市场，就意味着要告别最大汽车制造商排名的竞争，并且从长远来看也因此阻碍了自己获取重要市场份额的途径。廉价车也同样面临着气候变化、数字网络化和安全要求越来越高的挑战。廉价车绝不允许变成以对环境有害的动力技术、低安全性和零网联化作为解决之道的汽车出现在市场上。谁若是选择这条路，就会像塔塔纳米车一样遭遇终结。

致命的召回与企业文化

当前汽车行业的系统性弱点最明显地体现在召回行动数量的不断攀升。对汽车制造商通用、丰田或零配件商高田来说，召回已经变成了一场噩梦，它不只是在短期内就会造成极高的成本，而且会对企业和品牌造成长期的损害，甚至会像高田公司那样被拖入危险的困境。汽车行业需要的是改进汽车长期性质量的解决方案。尽管在过去的 20 年间做了很多质量方面的努力，召回行动和返回厂家的汽车数字仍在不断攀升。2015 年位于弗伦斯堡市的德国联邦机动车管理局因安全缺陷发出了 326 个召回行动的命令，165 万名车主收到通知，创造了一个新的负面纪录。

图 4 是德国汽车市场的召回率曲线图。如果将一年的召回汽车数量与登记的新车数量形成比例关系，得到的数字就是召回率。这个数字能够对绝对召回量进行更好的估计。2015 年德国的召回率达到了 52%，换句话说，德国 100 辆新车中有 52 辆因为安全缺陷必须送回厂家。这个图形显示了一个上升的趋势。如果以召回率来衡量，新车的质量在过去的 15 年中显然越来越差。这个发展趋势不仅适用于德国，在全世界都是这样。美国国家公路交通安全管理局局长马克 · 罗斯金德说，2015 年美国的汽车产业同样也创下了召回的负面纪录。在差不多 900 个召回行动中，有 5130 万辆汽车被迫送回工厂，而同年美国的新车销量为 1750 万辆，召回率到达了 292% 的新纪录。就是说，美国的汽车制造商必须召回相当于它们新卖出数量三倍的汽车。

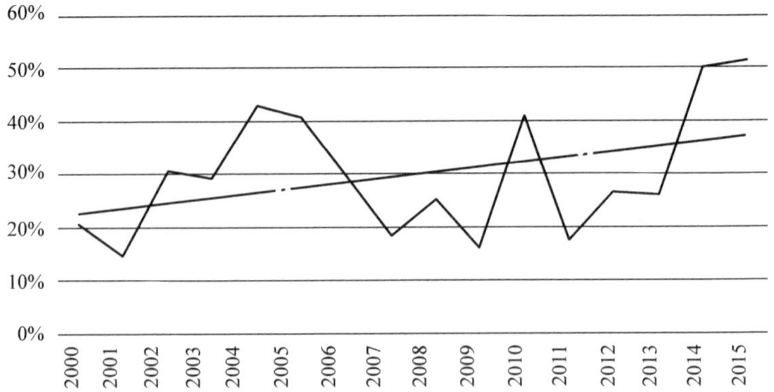

图 4　德国汽车召回率发展趋势

账面看起来可不那么好看，更主要的是召回也关系到对企业造成的巨大的经济负担。像在美国那样的国家，在单纯的维修成本之外通常还要再加上损失赔偿费和国家罚款。光单纯的维修费用波动幅度就很大，比如更换一个安全气囊，材料成本就占 65 欧元（计为正常备件价格的 40%），工时和管理的成本计为 75 欧元，还要加上更换的安全气囊成本每个 140 欧元。与之形成对照的是：2004 年奔驰汽车的一次召回行动中，德国售出的 22.5 万辆汽车由于一个液压单元的损坏被勒令召回厂家，而需要更换这个液压单元的汽车仅有 450 辆。因此这次浩大的召回行动分摊到每辆车上的成本仅不到 20 欧元。但这只是一个例外。按照我们的计算，过去 10 年中每辆车的平均召回成本大约在 70 欧元上下。以美国 2015 年 5100 万辆的召回数量来推算，汽车行业估计产生了 38 亿欧元以上的成本。然而不只是巨大的成本因素让行业怨声载道，召回对汽车厂商良好声誉的影响也无不构成负担。

奥迪在 20 世纪 80 年代就已经有过惨痛的遭遇：1978 年总部位于联邦德国英戈尔施塔特的奥迪公司推出了其专门适应美国市场需求的旗舰车型奥迪 5000。该车在美国很快成为畅销车型。然而不久就接到了客户对一个罕见现象的投诉：车子会出其不意地加速。根据报告，该车在起步状态下踩下制动时会突然加速。据媒体的报道，该现象已导致多起事故并致死。在媒体和美国国家公路交通安全管理局的压力下，奥迪开始着手召回汽车。奥迪的技术人员一直认为，意外加速的责任在于操作错误，而非技术故障，因此想对节气门踏板进行结构上的改造。然而第一次召回结果惨遭失败：意外加速的现象并没有得到抑制。然后开始了第二次尝试，仍然没有起到预期的改善效果。直到第四次召回，安装了一个所谓的“换档锁止系统”，即防止驾驶人在未踩制动的情况下，将变速杆从停车档换至 D 位（前进档）或 R 位（倒车档）的锁止系统，奥迪终于将问题控制住。然而奥迪在美国的品牌声誉在很长一段时间里一败涂地，销售下滑了近 70%，奥迪车的转售价值更是一落千丈。这起汽车技术上的“超级高危事故”对奥迪在美国的销售数字至今仍落后于其竞争对手宝马或奔驰负有不可推卸的责任。

丰田汽车和日本公司的遭遇更是一言难尽。在20世纪八九十年代，日本汽车制造商丰田俨然是汽车工业的质量教皇。日本人采用丰田生产体系不仅通过“准时化”物流管理系统和取消中间库存掀起了成本结构的革命，同时还将对质量的全新理解引入了生产。根据丰田的原则，始终要首先查找质量问题的根源是当场解决问题，而不是事后对损失采取补救措施。在此之前，通常一辆汽车会完成整个流水线的生产过程，然后再对缺陷进行修复。然而这样的成本会很高，而且效果要比问题刚一出现就马上解决要差很多，哪怕为了解决问题必须短暂关闭生产线。因此丰田公司根据“安全原则”，让每一个流水线工人只要发现在其安装环节中出现质量问题，都有权停止整个生产。

丰田是汽车界零缺陷原则的代表。零缺陷哲学是丰田的市场战略和品牌核心。该企业到20世纪90年代末打造出质量世界冠军的美誉。丰田的生产理念及其紧凑的供应链体系对汽车工业进行了一场革命。1990年出版的畅销书《改变世界的机器》中，著名的麻省理工学院的科学家们甚至将丰田原则奉为继福特流水线生产之后的第二次汽车工业革命。偏偏就在2009年和2010年，当时汽车历史上的最大召回案落到了丰田头上，对于日本人来说这简直是一次震惊的体验。什么都可以发生，就是不能容忍对质量这个丰田最核心的价值产生如此巨大的撼动。全球1200多万辆丰田车因为节气门踏板卡滞被召回工厂。丰田花了很长时间试图瞒天过海，将问题归结于所谓脚垫滑动卡住节气门，直至权力巨大的美国国家公路交通安全管理局介入。当美国国家公路交通安全管理局宣布丰田对多起驾驶死亡事件负责后，丰田社长丰田章男不得不亲自于2010年2月在美国国会的一次公开听证中为自己辩护。结果是丰田公司在美国必须向美国国家公路交通安全管理局支付6600万美元罚款。事故死亡者的家属起诉丰田集团支付抚慰金，汽车购买者对汽车的贬值损失要求赔偿。丰田作为极其可靠的汽车的生产者形象遭受重创，并且远不止体现在销售方面。这一丑闻的最终结果是，社长丰田章男宣布，对丰田的质量管理进行改制，建立区域性技术能力中心，以便能够对市场上汽车出现的问题迅速做出反应，同时对集团的质量管理流程进行了检测。太长时间以来丰田只是将质量管理明确到将汽车交付给客户为止，而有些在五年或十年之后才会变成安全风险暴露出来的长期质量问题却被忽视了太久，或许也是为了在成本竞争中能更胜一筹。自此以后，丰田的召回行动都会及早执行，即使这会让人联想到负面新闻也在所不惜。并且自从深入贯彻“不许掩盖一点真相”的战略以来，召回汽车的数量和范围都有所上升。

丰田事件和美国当局的强硬态度不仅促使一个结构封闭、等级森严的大集团在文化上发生改变，而且也改变了所有汽车制造商的思想意识。美国严格的产品责任法规、美国国家公路交通安全管理局的不妥协、高额的罚款和司法诉讼致使我们的汽车变得更安全。差不多所有大的召回行动源头都在美国。本该在德国依据《产品安全法》对汽车的安全进行检查的机构，位于弗伦斯堡的德国联邦机动驾驶管理局，相反却是一个不太被人当回事的机构。德国联邦机动驾驶管理局这样“一只没牙的老虎”几乎没有自己的技术能力，这一点也在大众集团最大的环保欺诈事件中体现出来。大众集团在问题发动机 EA189 上数百万次的控制软件造假令其跌入自 1937 年成立以来最严重危机，这起事件是由美国当局发现的。大众汽车对一款发动机软件预先做了手脚，以满足美国尾气排放法规的氮化物排放标准。作弊软件也被安装在德国的 240 万辆大众柴油发动机上。直到欺骗行为在美国被发现，在全世界的新闻上曝光后，德国联邦机动驾驶管理局才发觉这里确实不太对劲。在整个丑闻期间，该局的反应显得异常糟糕和外行。即便在执行召回行动的时间表上，也是一片混乱而没有有效的沟通。没有公开透明的表态，局长整个月的时间躲在他的书桌后面，既不对记者也不对公众发表讲话。面对汽车行业所面临的未来挑战，这样听话的当局毫无用处，对未来只能有害，因为一意孤行躲避问题的人，无疑为下一次损失惨重、难以弥补的高危事故埋下了隐患。

就连通用汽车也不得不在惨痛中学到教训：2014 年 2 月 6 日通用汽车的美国公司因点火开关故障召回了 80 万辆汽车。在接下来的几个月里召回行动持续不断，到 2014 年年底总计被迫召回了 3000 万辆。超过 120 人死于点火开关缺陷导致的交通事故。美国有线电视新闻网（Cable News Network，CNN）称之为“通用的召回梦魇”。通用将该问题隐瞒了长达十几年的时间。由于点火开关的缺陷会导致在行驶过程中发动机熄火，因此一些重要的安全性部件供电被切断，导致的后果就是比如安全气囊无法打开。通用总裁马丽·博拉像之前的丰田章男那样不得不在 2014 年 4 月美国国会的公开听证会上接受令人折磨的问讯。一旦涉及消费者保护和产品责任这样的话题，美国人是毫不开玩笑的，与欧洲的法律体系相反，美国的惩罚相当严厉。2015 年 9 月通用与美国司法部就刑事诉讼的争议达成了所谓的“暂缓起诉协议”。其结果是：通用支付 9.35 亿美元的罚款，6.25 亿美元的事故死亡补偿金，超过 2 亿美元的车辆故障修复费用，以及 5.75 亿美元用于偿还点火开关丑闻过程中超支的司法诉讼费用。这起点火开关事件换算到每辆在美国本土召回的汽车上，制造商的平均成本为 9000 美元。如果在生产过程中就对点火开关的缺陷进行改进，产生的成本每辆车会低于 1 美元。

通用总裁在集团全体员工面前称这场灾难是“无能与视而不见作风”的后果。作为点火开关丑闻的结果，通用公司也雷厉风行地改变了其质量战略。“如果你不改变你的行为，道歉和问责根本无济于事，”马丽·博拉这样说，并承诺：“我们已经发生了改变。”

这种改变对整个汽车产业多么有必要，也通过日本汽车零配件供应商高田的安全气囊丑闻体现出来。曾经全世界每五个安全气囊中就有一个是由该企业生产的。然而，由于一个让整个行业提心吊胆了多年的生产上的缺陷，导致安全气囊会不受控制地弹出，并在引爆时有金属碎片在车内迸飞，这些射出的碎片能够导致严重的伤害。至 2016 年 4 月，仅在美国就有十几人因安全气囊故障致死。截止到同样时间，共有超过5300万辆行驶在全世界各地的汽车被确认安装了危险的高田安全气囊。至2016年，美国勒令召回了2001—2013年间共计21个不同汽车品牌的170多个车型，包括奥迪、宝马和大众的部分车型的汽车。2016年5月美国国家公路交通安全管理局宣布，继续将3500万~4000万个高田安全气囊的充气装置加入美国召回的行列，这样至2016年6月仅在美国就总共更换了超过6900万个高田安全气囊。而据彭博新闻社2016年7月的报道，全世界可能有必要对超过1亿个有缺陷的高田安全气囊进行更换。仅在美国涉及高田安全气囊的汽车制造企业就有17家，连特斯拉也受到了问题安全气囊的牵连。“这是一个迫在眉睫的问题。科学研究清楚地显示，这些充气装置会随着时间的推移变得越来越危险。”美国国家公路交通安全管理局局长马克·罗斯金德对最新发生的噩耗做出这样的评论。如果将美国所有的高田安全气囊全部替换完成，恐怕将持续到2019年年底。汽车的年代越久，汽车行驶地区的空气湿度越大，安全气囊发生意外危险性爆炸的风险就越高。因此召回的汽车首先集中在比较旧的车辆以及美国各州气候主要或部分近似热带的地区。高田事件是汽车工业史上迄今为止最大、最复杂的召回事件。

除此之外，高田公司年产近2000万辆汽车的安全气囊。高田的第一起召回始于2013年3月，经过三年混乱不堪的召回行动，才仅仅修复了四分之一车辆的隐患。更有甚者，那些修复的安全气囊又出现了问题，导致了令人啼笑皆非的“召回中的召回”。2016年6月底，高田公司创始人的孙子高田茂久宣布辞职，美国拉扎德投资银行接受委托为这家遭受重创的日本家族企业寻找买家。

高田事件暴露了汽车产业的全球网络化的风险。少数几家零配件供应商负责着几乎用于所有汽车制造商的数量庞大的新车上的零部件。这里显示出规模经济思维的局限，在高田事件中汽车产业的监督机制完全瘫痪。如果没有美国国家公路交通安全管理局，我们可能今天都对高田安全气囊的致命产品缺陷一无所知。而高田还暴露出一个问题：正如人们所见，产品缺陷被隐瞒了十多年。懦夫主义的文化不仅在高田事件中，同时也在新近报道的三菱和铃木的燃油数据造假案中成为舞弊行为为何常年未能曝光的原因之一。日本文化中的俯首听命、等级观念似乎助长了此类事情的发生。企业文化、透明公开和自信的员工是未来汽车世界里决定企业长久成功的更为关键的“软件因素”。

一些重要部门，如德国联邦机动驾驶管理局和无法令人信服的布鲁塞尔欧盟当局的幼稚举动显示出，我们在欧洲需要制度的变革，亟待有能力并且更强有力的监督检查机构。我们也必须在德国发起产品责任的讨论。在美国的企业里，对合法与合规的敏感性，明显比世界任何一个地方都表现得更突出。害怕过于严格的法律会限制创新的空间进而导致企业过于谨慎和保守的想法是错误的。尽管美国有着最严格的产品责任法，美国的几百家示范性企业如苹果、脸谱网（Facebook）、谷歌、IBM、英特尔、微软、特斯拉、推特网（Twitter）及众多其他企业仍然显示了这个国家的创新实力。我们太过于强调汽车工业的成本压力是召回和低品质的根源。那些借口如此肤浅托词的人，显然是一些对提高生产效率束手无策的人。汽车工业存在成本压力确实没错，但这种压力已经存在了130年，而且同样存在于其他行业。问题的核心并非成本压力，而在于企业文化。一个更倾向于产生懦夫而不是造就在违规时勇于提出问题的自信员工的集团企业必将是个泥足巨人。那些将问题“掩盖在地毯下”，有着独断专行、等级森严、要求发号施令与俯首帖耳的企业文化，以及氛围令人生畏的地方，就会成为滋生错误行为的温床，酿成一出出像丰田2009/2010召回大事件、通用汽车点火开关丑闻、零配件供应商高田安全气囊悲剧以及大众集团环保欺诈案那样的惨剧。一个独裁的企业文化会误入歧途，并且会阻碍进入汽车新产业的途径。如果想从未来汽车王者的竞争中脱颖而出，就需要一个能够对错误和问题进行开诚布公讨论的企业氛围。大众公司的事实表明，无论是平等的共同表决权，还是强有力的工会连同它的企业职工委员会，都根本不会起到多大的帮助。一个羞于启齿、视而不见和一言不发的企业文化危害有多大，也凸显在其他日本企业的事件中。据称三菱和铃木在10多年的时间里对其汽车的燃油消耗数据造假。三菱在超过25年的时间里修饰了其微型车的燃油消耗数据。在2016年4月和5月公布的造假事件中，三菱为日本的汽车产业开出了一张差评单。其旗下包含了汽车制造商雷诺日产，最终察觉了作弊行为。这不是三菱的第一个丑闻，早在十多年前该集团就不得不承认对车辆的缺陷系统化地隐瞒了数十年。据媒体报道，三菱的员工将企业的氛围描述为“一种禁止普通员工与其他部门的领导说话的体制，工程师们非常害怕向独揽大权的领导们承认可能出现的故障”。2016年5月铃木汽车也不得不承认超过210万辆汽车的燃油消耗数据造假。一系列的例子有力地证实了猜测：严格的等级与独裁体制的日本文化会助长这种舞弊。这也是为什么在全新的移动时代，在一个由自信、创新和有批评精神的员工来开发未来产品的时代，日本企业会举步维艰。

实际上，迄今为止还没有一起由德国当局发现的因汽车安全系统故障而导致的交通事故公布出来。是因为德国没有类似的事故吗？还是只是因为我们的当局视而不见？有一点很清楚，如果没有严苛的美国当局，无论丰田还是其他汽车厂商都不会对旧车的车辆安全性加强警觉。然而当我们面向未来思考时，这种敏感性不容忽视。最多几年后，当汽车能够自动驾驶时，最高安全性原则也必须适用于那些在路上行驶10年以上的旧车。这显然不是检测一下轮胎花纹深浅并加盖验车印章那么简单。重大的召回事件不仅让人们关注到车企的不足，在德国和欧洲，同时也让人们关注到在消费者保护和法律意识上的严重欠缺。因此召回永远是对过去的一个检验。

在中国，由于过去几年的市场成长，目前的车辆整体状况还比较新。我们根据各种可能预计，中国在下一个10年预期召回行动将明显增多。汽车产业中越演越烈的召回行动还远远不能解除警报。我们的企业必须在组织机构文化上加强建设，我们对产品即使在售出若干年之后也负有责任的意识要得到完善，而最终我们必须努力遵循我们主管当局的新路线方针政策，展开有关新的产品责任法规的讨论。

召回数量上升的八个原因：

- 重大召回事件后，汽车制造商的敏感意识提高，召回执行得更迅速、更多。
- 成本压力高加上服从与沉默的企业文化，材料的容许误差更加严格，产品提前上市，监管体系不起作用。
- 全球汽车销量增长。
- 通用件越来越多及全球化运营的零配件供应商：高田风险。
- 汽车更加复杂，带有众多新的辅助驾驶系统和电子部件。
- 车型更加丰富，车身变化更多，界面越来越多的模块架构。
- 售后监测迟缓，售出较长时间的产品的故障反馈时间长。必须及早意识到雪崩的风险。
- 企业文化中的错误，没有有效的合规规则。

汽车销售体系的改造之路

据说约翰·D. 洛克菲勒曾说过："如果你想卖煤油，就必须赠送油灯。"如今给我们的一个印象就是，汽车制造商们在试着将这个理论按照以下模式进行扩展："如果未来想要卖车，必须现在就送出去一些。"特别是在销售不振、危机四伏的时候，一些销售刺激策略简直有些荒诞不经。例如2015年11月，也就是大众的柴油门大丑闻公布后一个月，一位大众经销商在广告中宣传一款VW up！的租赁业务。有兴趣的企业经营者们据说能够无须首付，以每月29欧元的价格租用这款大众微型车24个月，总行驶里程可达 2 万公里。当时新车的生产商标价为 8382 欧元外加增值税。即使这辆微型车以零利息出售，并选择线性折旧，以这样的租赁价格，也得需要 24 年的时间才付得清车款。

这样的销售策略长远来看真的能成功吗？这样能产生可持续收益、提高品牌价值、提升客户关系吗？在解释消费者需求行为的微观经济学标准模型中，这个事情很简单：价格越低，正常客户行为模式下对一个产品的需求量就越大。如果遇到销售困难的境况，人们就会通过折扣、特价车型或金融服务优惠来降低价格，而新客户的到来会让一切重回正轨。可惜德国、西欧或北美那样的饱和市场并非按照这种模式来运行。在 2009 年和 2010 年这两年可以清楚地观察到这一点。作为对抗全球经济危机影响的手段，德国政府决定向每一位购买新车，同时将他的旧车送交报废卷压处理的客户赠送 2500 欧元。这样一来，钞票就如雨点一般哗哗落入汽车经销商、新车购置者和报废车处理厂老板的口袋里。这场盛宴花费了 50 亿欧元的税收收入。200 万辆汽车被碾为废铁，这些车辆换个地方或许还能得到合理的利用。在执行报废补贴的 2009 年里，德国的微型车销售果然一飞冲天，借助于数以十亿计的税金，市场几乎被买空。由于临时牌照车和展示样车也在享受报废补贴之列，这使得汽车销售店中的大量本地库存很快销售一空。

一年后，接踵而来的是不可避免的幻灭。德国的新车注册量与前一年相比下跌了 89 万辆或 23%。此外，2010 年的车商自购新车注册的数量又增长了 12.5 万辆。自购新车注册是指由汽车制造商和经销商以自己的名义注册的新车，通常在很短时间内以 25% 或更多的折扣作为二手的临时牌照车、样车或次新公务车出售。纳税人的钱未看到任何的中长期效果就被消耗得一干二净。在高饱和度市场上，像这样或类似于这样的活动所能达到的全部效果就是让替换需求产生时间上的平移。折扣较高时，新车购置就会提前几个月，但市场上并没有因此而多销售额外的新车。

在高饱和度市场上，折扣被证实会给所有的汽车制造商的盈利带来明显负面的效果。尽管如此，所有人都热衷于此，并竞相在价格上做让步。CAR 汽车折扣指数显示了德国汽车市场在过去 5 年里的折扣率的发展态势。数值越高，以月份为单位的折扣水平就越高（见图 5）。CAR 汽车折扣指数采集了由于汽车制造商的特价活动，如折扣车型或金融优惠，德国 30 家热销新车的直接经销商折扣，以及汽车制造商和经销商的自购新车注册等带来的客户优惠。该指数反映了德国汽车市场私人客户范畴内的折扣与销售刺激行为。趋势线显示，2010—2015 年，德国汽车市场上的折扣呈持续上升趋势。而德国每年的新车注册量几乎保持不变，根据经济景气状况保持在大约 310 万辆左右。这就是说销售体系没有卖出去更多的新车，一直以来同等数量的新售车辆以越来越高的折扣卖出去。而通常像汽车产业这样耗费巨大的经销体系，要求以尽可能少的让利才能维持。以高折扣销售汽车是任何人都能干的事，并不需要昂贵的汽车销售店，也不需要销售员。德国汽车市场在过去几年有每年超过 30% 的汽车以车商自购注册的形式操作，就是说新车被汽车经销商和制造商自己给“吃掉”了。德国机动车行业协会前主席罗伯特·拉德马赫曾经对这一操作做了一个形象的比喻：“我没听说过任何一个酒馆老板，卖出的每三杯啤酒中就自己喝掉一杯，然后还能盈利。”拉德马

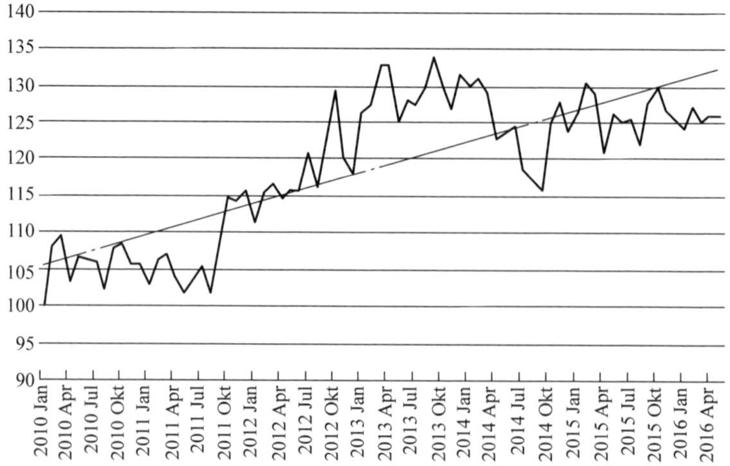

图 5　德国汽车市场 CAR 新车折扣指数

赫的比喻一点也不夸张，而是基于令人悲哀的现实。这样的发展趋势应当令人深思。

另外一个现象也颇富启发性：在车商自购新车注册数量不断上升的同时，新车购买者的平均年龄也不断提高。图6显示了这种关联：曲线表示德国新车购买者的平均年龄。2015年新车购买者的平均年龄以53岁达到了新的“历史纪录”。与此同时，所有新车中有31%在弗兰斯堡的德国联邦机动车管理局登记为自购注册车，即汽车制造商或经销商将汽车以自己的名义注册，并很快以较高折扣作为临时牌照车、展示样车或次新员工用车售出的汽车。2008年新车购买者的平均年龄为49.8岁，由此可见，与总人口相比，新车购买者的“老龄化”要快得多。如果从更长的时间序列来看，这种“老龄化过程”会更明显。1995年德国新车购买者的平均年龄不过46.1岁，而在这段时间，自购新车注册车比例明显低于目前。对这种老龄化现象的描述并不意味着年轻人不再开车或不再买车，而是更多地说明年轻的购买者由于支付能力有限，大多对价格更加敏感，因而有目的地转而购买折扣较高的临时牌照车、展示样车或次新员工用车。只有年龄较大的客户群体才购买原价新车。

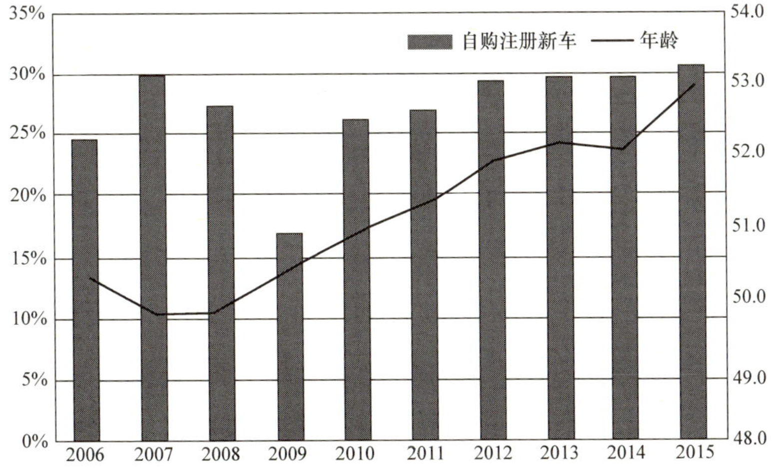

图6　车商自购注册新车与新车购买者年龄

类似于20世纪初俄国心理学家伊万·巴甫洛夫训练他的狗形成条件反射，直到其听到铃响就开始流口水，今天的汽车制造商也这样训练它们的客户：它们摇响打折的铃声，以年轻人为主的客户就会蜂拥而上——这只是一厢情愿而已。事实上，正如我们的数据所显示的，越来越多的年轻客户从新车市场上流失。这个游戏还能继续玩多久？

针对年轻客户群体中出现的销售困境，我们也常常将汽车共享趋势作为一个考量因素。事实上，到目前为止这个影响十分有限。据德国联邦汽车共享协会的数据，2016年年初汽车共享用户的注册人数虽有126万人，共享汽车的存量却只有1.61万辆。按照这一数字，目前每名汽车共享用户每年借出汽车还不到5天。这个计算里还没把并非所有的汽车都是持续借出，而是经常停在站点里不用这一点考虑进去。每年使用汽车时间不到5天，人们可走不了多远。而且极有可能在这126万名汽车共享用户中有很大一部分处于不活跃状态。由于德国有5500万人拥有驾照，因此目前仅有2.3%的驾照拥有者同时也是共享汽车的客户。所以共享汽车显然还有很大的上升空间，因此并不足以解释新车购买者的老龄化问题。未来可能会有所不同，但目前来看，汽车共享即使在像柏林、汉堡或慕尼黑那样的大城市里有较高的推广度，但在德国依然尚属小众。

汽车制造商们为昂贵的销售刺激战略而不惜重金，但其起到的作用细究起来显得令人质疑，并且是在一个错综复杂、耗资巨大且已经没什么新意的销售体系里。这里只有一个销售渠道占据主宰：汽车销售店。这在苹果、谷歌和特斯拉的世界里感觉简直就像一条恐龙。

汽车制造商们的头脑中依然固守着这样的信念：它们的品牌价值很大一部分取决于它们的外在形象。想法本身虽然没错，但实施起来却是老掉牙的一套。无论高档品牌还是大众品牌，现代化的奢华玻璃宫殿矗立在绿色的草地上就是它们的招牌。吸引人的建筑设计，销售人员的私人咨询和试驾，最好再来一杯屋顶上的玛奇朵。这一切的想法就是，让客户感觉幸福。只要幸福了，就不会总盯着口袋里的钞票，理性地讨价还价就会少一点，而更多的是带着冲动的情感来购买。带着这样的想法，投资就显得有道理，就像惠尔伯特汽车销售集团在多特蒙德市新建的奥迪城市展厅一样。2016 年那里建成了一座占地 1.9 万平方米的新汽车销售中心，总投资为 1700 万欧元。假定一下，如果房子的折旧年限为 20 年，投资的 30% 用于新车销售，投入的资金以 5% 的利息从银行贷款的话，那么根据测算，只用于新车部分的每月冷租㊀成本不足 3.7 万欧元。

1700 万欧元，别忘了只是为一个销售地点的投资。汽车制造商 100 多年来还在按照一贯的模式销售它们的汽车。在亚马逊、苹果或阿里巴巴的时代，汽车行业也该有更智能一些的销售体系了。迄今为止，传统汽车行业的互联网销售技术充其量是用程序编辑一个配有车辆配置器功能的网站，原理上只不过是将过去的“产品目录”拉进了互联网时代。智能电子商务看起来则完全不同，汽车制造商的销售体系远远落后于这个时代。勇于采用全新的方案打造面向未来的销售体系，几乎还没有人开风气之先，至今为止的少数几个试验几乎都不成功。其主要原因在于人们只是简单地对旧有的流程用互联网进行了“堆砌”，而并没有进行重新设计。重新设计可以通过采用多重销售渠道的方式，就像保险行业司空见惯的做法。在此必须贯彻一个简单的认识，那就是汽车的客户也是有差异性的。当有人买自己的第三辆大众高尔夫时，他已经了解了这辆车，对品牌很熟悉，那么就可以让大部分的功能和新配置通过互联网应用软件很好地展示出来。如果让一个潜在的消费者放弃实地亲自看车和通过试驾检验车辆的机动性，便可有机会以优惠 8% ~ 10% 的价格买到这辆车，那么有一部分客户肯定会乐于利用这个机会。这就像火爆的电子商务里很多其他领域中的情况一样，在汽车产业也有这样一个客户群体，即使没有汽车销售店，他们也能应付得了。尤其是汽车中有越来

㊀ 不含能源费用的租金。——译者注

越多的部分车辆可以租借使用2~3年，这样一来，就会再次降低“错买”的风险。如果一个人想租车两个月，一般也不会想到要提前去试驾一下或想“踢一踢轮胎”。从网上代理商那里就可以看到有这样一个在网上买车的庞大客户群体存在。人们可以24小时下新车购买订单，无须销售员，无须去销售店。这些预定的新车要么通过正常的品牌经销商发货，要么由客户到例如大众总部沃尔夫斯堡的大众汽车城自行提货。大型网上代理商如meinauto. de、autohaus24. de或price－optimizer. de以更低的成本和对客户更优惠的价格每年代理差不多5万辆新车。

引入一个多渠道销售体系，可以通过互联网以比汽车销售店更加优惠的价格购买汽车，对于汽车生产商来说，这是一个明智的战略。如今很多车行也都可以在不必签订购买合同的情况下提供咨询和试驾这样的服务卖点。如果在网上买车的话，这些服务卖点仍然有可能存在下去，甚至会进行改善。如果在现场接受了咨询服务，同时也同意在网上购买时，那么在购买价的基础上要加收一定的咨询费用。另一个可能性就是建立跨区域体验中心，允许人们对汽车进行测试和评估。苹果公司的苹果体验中心采取的就是类似的途径。销售在网上进行，但如果谁想在线下去体验一下的话，就可以到大城市里印着大大标记的苹果体验店去。这同时也将是冲破旧的销售模式的重要一步。因为这个销售模式不仅陈旧，而且低效。比如制造商无视订单的状况，无情地让生产线运转，因为流水线必须满负荷运转，其后果是将过量的汽车“推送”到销售店，这些汽车在那里产生巨额的成本，通常变为临时牌照车以巨大的价格折扣向市场倾销，这从根本上就是失败的。应该怎么做，只有一个行业新来者能告诉我们：那就是特斯拉。特斯拉电动车全部车型系列的营销体系确实是精心设计的奇思妙想。特斯拉体验店由公司自己运营。在这些体验店里最多摆放三辆展示和演示样品车。这些体验店不设在城郊工业区，而是设在大城市的市中心，在一览无余的广场上传递特斯拉的情感概念。它们大部分的任务是在网上完成的，不仅是车辆的预订，有时也包括维修。软件更新就像个人计算机那样通过网络发送，而不必在维修厂里由成本不菲的机修工来鼓捣（见图 7、图 8）。

图 7 和图 8　两个完全不同的世界：汉堡特斯拉体验店和传统的汽车销售行

与欧洲人相反，中国人对互联网有着无穷无尽的着迷。阿里巴巴是引领中国人越来越多地进入移动互联网世界的企业之一。阿里巴巴在 2014 年 9 月上市时，市值约 2000 亿美元，而宝马同期市值为 500 亿美元。阿里巴巴对继续扩张有着极大的兴趣，汽车交易对阿里巴巴来说实际上易如反掌。阿里巴巴与上海汽车集团共同创建了网上购车平台 Chexiang. com。上海汽车集团（简称上汽集团）是中国最大的汽车控股集团之一，与大众和通用经营着几家重要的合资企业。没有上汽集团，大众和通用在中国只能是“半个巨人”，2015 年上汽集团的合资企业一共生产了 590 万辆汽车，而上汽集团也像阿里巴巴一样想进军线上销售。Chexiang. com 自 2015 年进入市场，第一阶段将实施所谓的 O2O 商业模式（线上到线下）。它们为此整合了少数几个经销商进入网上销售体系作为所谓的服务站点，人们在网上预订后可以在那里取车，进行结算或看展示样车。Chexiang. com 的第二个重点是服务业务。人们通过平台购买了网上维修服务或以固定价格预订租车，这些预订随后会传送到各个 Chexiang. com 的服务站点。Chexiang. com 无论对阿里巴巴还是对上汽集团来说都是迈入汽车销售的重要一步。

我们的销售体系的风险并不在于甲方竞争者（如奔驰或奥迪）从乙方竞争者（如宝马）的销售网络中夺走客户；而是风险在于，一种所谓的颠覆性变革让体系整个脱离原有方向。在这样一种颠覆性变革中，昂贵的实体不动产，如工业区里的汽车销售店会迅速贬值，就像房地产泡沫破灭时的景象。更戏剧性的是，生产商可能会依赖于其他供应商的销售主权为生，它们不再像之前那样监管着自己的销售渠道并借此直接或间接地与客户建立联系，而是将消费者丢失在一个或多个届时占有市场优势的经销商手中，并会被降格为一个供应商。对此阿里巴巴和更多的企业现在不仅已有足够的资金力量，同时也掌握了核心技术。当欧洲还在以工业区中耗资巨大的汽车销售行为特色时，来自像中国这样的一些国家的新的销售体系出现了，这个体系显然比销售店网站上的车型配置器包含了更多的内容。阿里巴巴除了 Chexiang. com 的平台外，还于 2015 年 7 月在自己的网站上以固定价格供应 4000 多辆新车，其中绝大部分，超过 3800 辆新车来自中国的汽车制造商。中国制造商的国产车在本土市场越来越成功，它们以惊人的速度学到了如何造出更好的汽车。我们可以肯定，中国人还会携全新的汽车销售概念向欧洲发起第二波进军的狂潮，届时中国人会掀起汽车销售体系的革命，并迫使传统的销售网络陷入危险的困境。

进退维谷的柴油车技术

它曾是德国汽车工业的骄傲。德国汽车制造商曾想以柴油发动机在全世界建立起技术领先的优势。然而，直至大众柴油车欺诈案的曝光，德国的汽车工业终于用柴油车技术无情地砸了自己的脚。反对柴油车尾气排放的声音尘嚣甚上，内燃机技术被置于更加严厉的审视之下。随着大众多年来蓄意违反美国环保法，柴油发动机一夜之间成了问题发动机。这就出现了一种连带的杀伤性，令整个行业不知所措。大众的丑闻暴露出，柴油机技术也给德国带来了严重的环境负担，显然比在光鲜亮丽的销售资料上读到的数据要严重得多。“热窗”技术，也就是柴油车尾气净化系统会因法规的模糊在一定的温度范围内被关闭，成为整个行业的问题。

柴油机技术所设想的技术领先基于两个支柱：一是发动机强劲的转矩或通俗地说是强有力的动力；二是油耗的经济性，从而令更少的温室气体二氧化碳排放到大气中。这里所谓的经济性并非自然法则，而更像是大自然的一个把戏：一升柴油比一升汽油含有更多的能量，就像 100 克巧克力比 100 克苹果含有更多的卡路里。也正因如此，欧盟委员会在几年前曾建议，对燃油按照其所含能量而非容量即每升来征税。如果采纳这一方案，在税收上就会对动力技术产生吸引力，使其真正将能源效能最大化。而设想中的柴油低油耗也绝不像加油站的加油表或油价牌所展示给我们的那样明明白白。

在欧洲之外，柴油汽车还从未受到过特别多的欢迎。尾气中难闻的气味，巨大的发动机噪声，过去人们喜欢称之为“敲击”，燃烧时形成的炭灰，尾气中很高的氮氧化物值。这一切都使柴油汽车在世界其他地方难登大雅之堂。不仅在美国大众柴油门丑闻后那里简直要把柴油车技术永远“付之一炬”，而且在重要的新兴工业化国家比如印度亦是如此。2015 年年底，位于印度首都的印度最高法院下达了在新德里实行新柴油汽车牌照许可的临时禁令，同时最高法官明确表示：要么让禁令长期保留，要么所有排量 2 升以上的柴油车必须一次性缴纳高达购买价 30% 的“环保费”，一场柴油车的盛宴在印度就这样结束了。从印度就可以看出崩溃可以来得有多快，2012 年时柴油车在印度的市场份额曾达到 52%。随着大城市环境污染的加剧，风向骤变，柴油车失去了税收优惠，至 2016 年年中市场份额跌到了 26%，并伴随着一系列其他的连锁性滑坡。即使在柴油车国家法国也引起了对柴油车的抵制。为了对抗首都的雾霾，巴黎市长安娜·伊达尔戈于 2014 年 12 月宣布了一份激进的环保计划：最晚到 2020 年，要全面禁止柴油汽车的销售。重要的交通路线，如香榭丽舍大街或卢浮宫沿线的里沃利街，未来将禁行有污染的柴油车。

当乘用柴油车在德国的市场占有率几乎接近 50%，而整个西欧甚至 50% 的所有新产轿车都安装了柴油发动机时，世界三大汽车市场上的状况却截然不同：2015 年，中国所有新上路的乘用车中只有 0.3% 是柴油车，美国不足 3%，日本则为 2.4%。这三大汽车市场更多的是由丰田深度开发的汽油和电力混合动力汽车，以几乎 25% 的市场份额在新车市场空前的成功。美国人驾驶的汽车 80% 以上使用汽油，13% 使用的是乙醇，顺便提一下，巴西人也常用乙醇。中国人也喜爱汽油动力技术并且对电动汽车的投入越来越大。可见欧洲人钻进了柴油技术的死胡同。而全世界的汽车销售中只有 17% 是在欧洲销售，且呈下降趋势。对于欧洲的汽车制造商来说这是一个严重的问题，因为仅靠欧洲的市场不足以承担得起开发产品和尾气处理技术的高昂成本。在巨额的宣传费用支持下，德国汽车产业在过去 10 年里曾尝试着在美国市场开展一场“清洁柴油宣传活动”，以吊起美国人对柴油车的胃口。随着大众柴油门丑闻的爆发，数以百万计的投入打了水漂，让柴油动力技术在世界第二大汽车市场美国再次站稳脚跟的机会顿时化为乌有。此外，今后不仅美国人会更加批判性地看待真实的柴油车尾气排放数据，而不是相信我们如今在销售宣传册中炮制出来的实验室数据，而且这一切在德国和欧洲也会使柴油机技术举步维艰。因为柴油发动机的有害物排放数据如果毫无隐瞒地拿到光天化日之下，也确实并不那么好看。

柴油发动机在燃烧过程中会明显产生比汽油发动机更多的氮氧化物，它与空气结合会导致健康损害。氮氧化物负担增大会刺激眼睛和呼吸道，引发咳嗽、头痛、眩晕和呼吸困难，浓度过高甚至会增加心脏和血液循环系统疾病的风险。10 年前是微尘引发的柴油技术问题引起广泛关注，促使德国引入了微尘滤清器和环保标签，而今天引起广泛关注的则是氮氧化物。在 50 多个德国人口密集区和大城市，多年以来就存在着氮氧化物过高的问题。空气中的氮氧化物的极限值大大超过了欧盟委员会规定的界限。罪魁祸首毫无疑问是为数众多的柴油私家车的尾气排放。不久前由于明显的排放超标，德国的许多集群城市带确立了蓝色环保标签的政策发展方向。只有那些柴油轿车排放要求符合所谓的欧盟 6 级标准的才能获得蓝色环保标签。而欧 6 柴油车 2015 年才开始大面积进入市场。其柴油轿车的尾气排放被认定为欧 5 或低于欧 5 标准的，可能会在集群区域氮氧化物数据超标时，在该地区遭到禁行。德国道路上行驶的 1500 万辆柴油汽车中目前只有 10% 满足欧 6 的排放标准，也就是不会按照如今的标准遭到区域禁行。那些开着一般柴油车的普通消费者就只好“自认倒霉”，就像 10 年前遭遇微尘问题时那样。

表 1 显示了在不同的欧盟标准等级下，以及根据美国加利福尼亚州更严格的标准所允许排放的氮氧化物的最高值。该表也说明了在尾气排放值上美国并不存在汽油发动机和柴油发动机汽车之间的不平等待遇，而这一点欧洲却存在。即使现在柴油车的氮氧化物排放在最新的欧 6 法规下允许稍高一点，似乎给予了稍微的优待，但这最终还是会像曾经的微尘问题以及当年引入绿色环保标签时那样搬起石头砸到消费者，并最终砸到整个汽车产业的脚上。我们的主管当局从现在开始已不再去检测漂亮的实验室数据，而是要看

普通消费者驾车时从尾气管里真正排放出来的东西。而这对柴油车技术来说显然是雪上加霜。《汽车、摩托和体育》杂志于2015年12月对最先进的柴油轿车在不同的驾驶状况下，如乡间公路、高速公路和城市道路进行了氮氧化物负担的测试。测试工程浩大，结果惊人。在城市道路状况下，如奥迪Q3和奔驰C250超过了允许氮氧化物极限值的5～6倍，就连宝马X5和沃尔沃XC90也超出三倍以上。而且这些车辆上都装配有最先进的尾气净化装置如所谓的SCR三元催化转化器，有些还加装了氮氧化物存储式催化器。这可是尾气净化中的豪华级别，可不是大众汽车在美国那种省钱的解决办法。尽管如此，所有最先进的车辆还是在致命的氮氧化物排放中一败涂地。汽车制造商未来需要额外的尾气净化系统，也只不过是为了达到今天的尾气排放标准。批量生产轿车的尾气系统则必须重新进行“二次开发”。这对欧洲人来说，意味着在下一个10年中数百亿欧元的投入。而这一切都只是为了不到全世界销售量10%的汽车？

表1　轿车氮氧化物排放值

氮氧化物（NOx）		汽油车	柴油车
欧4	2006年1月	0.08克/公里	0.25克/公里
欧5	2011年1月	0.06克/公里	0.18克/公里
欧6	2015年9月	0.06克/公里	0.08克/公里
加州LEV II	2010年	0.04克/公里	[0.07克/英里]

来源：欧盟委员会、美国加州空气资源委员会（CARB）、杜伊斯堡－埃森大学汽车研究中心（CAR）

对柴油车技术在排放极限值和对该数值或多或少的宽容处理上所造成的所谓优势，同时还通过税收优惠政策所给予的保护，给我们带来了数不清的问题。在德国和很多欧洲国家，对柴油和柴油动力技术的优待是一个长期的传统。除了对柴油车尾气的“宽大处理”外，由于不可知的原因，在征税上也给予了优惠。而这些在美国一概不适用，而且在瑞士和英国也都没有。在德国，每升柴油要比汽油少18欧分的税。为什么呢？因为在70多年前建设联邦德国的时候，那时柴油发动机只用在载重货车上，这样做是想要压低企业的运输成本。20 世纪 70 年代第一批柴油汽车上市。由于那时柴油的征税仍然比汽油低，于是人们尝试通过二次税收来弥补差异：柴油车要交纳一个制定出来的高一些的机动车税。这里的效果也是令人称奇的。因为机动车税是一个固定的金额，因此对于那些开车里程多的人来说，就会相对“便宜”。按照德国的税务体系，德国还要再打一个任意制定的多里程折扣，这样像驾驶公务车的人，每年明显比普通人行驶更多的里程，就会从财政局获得优惠。这个事情显示了德国的政策制定者们在他们维护柴油技术的举动中有多么的混乱。

当还要把货车收费牵扯进来时，事情就变得更令人不可思议了。2005 年德国对重型货车在高速公路上开始征收过路费，目的是限制货车交通运输的增长，同时让货车更多地参与公路的成本支出。这与当初引入柴油税收优惠政策时原本想要达到的降低运输成本的初衷刚好相反。人们没有选择最直接的解决方法，即加重对柴油的征税，而是牵扯上货车过路费来让事情进一步复杂化。这实在是一出滑稽的闹剧。重型货车的柴油价格仍然一直保持低廉，并且通过较低的税率来获得补贴，然而为了要让公路运输不再廉价，却用加收过路费来解决。我们越来越深地陷入了柴油的保护网中。汽车和燃油的征税让开车人越来越糊涂，也因此失去了其重要的信号功能。这种少见的保护行为现在看来结果又如何呢？德国制造了一个人为的、国家补贴出来的柴油车虚假繁荣，这种繁荣只在欧洲，占全球不过 1/6 的市场上找到了共鸣，这种繁荣不可持续也没有未来。德国的汽车产业将很难再从我们将之送入的死胡同中重新走出来。

这仅从与替代汽油的混合动力技术相比就可以看出来。该技术由日本发明，并在日本占领了令人可敬的市场份额，也不必像在德国要与国家的柴油津贴进行抗争。与此相反，电动汽车在德国迄今为止还遥遥“不见踪影”，不过是一个奇特的边缘现象。即使经过冗长的讨论于 2016 年 6 月颁布了给予电动汽车4000欧元的补贴，也只能稍稍有点逆转。如果德国的政策对电动汽车不仅限于滔滔不绝的口水，如果没有在加油站人为地给予柴油税收优惠，如果德国的监管当局能像美国那样真正地施行检查，而不只是闭着眼发各种票单，或许德国的汽车制造商有可能更早地开始使用特斯拉的技术。

德国的汽车产业，尤其是因为对柴油技术的迷信，目前已处于一个危险的顶点。若干年的时间浪费在了一个即使是花费了巨大的投资也不能使之长久面向未来的动力技术上。而这些费用，正是其他地方如电动汽车、自动驾驶汽车、新的销售体系的开发等所急需的资金。还要加上不得不对尾气丑闻的连带损失所付出的代价。所有这些都意味着对企业和对德国产业约80万工作岗位的极大风险。因此我们必须迅速转变方向。不要用环保标签来指明未来发展的道路，而应在柴油保护主义上悬崖勒马。柏林的政治家们能越快地鼓起勇气取消人为的税收优惠，德国就能越快告别柴油技术的死胡同，最终面向未来应对行业的挑战，也就有更大的机会在未来的市场上扮演重要的角色。

如果是这样，那么汽车产业将会在一个过渡阶段里无法满足二氧化碳排放的规定，类似的论据也多次被提及出来，但实际绝不是这样，因为天然气几乎可以以零投资而成为拯救二氧化碳的备选。

3. 驱动智能：零排放汽车

现代化的轨道交通几乎只用电力机车来驱动。蒸汽机车至多只在博物馆里才见得到，而柴油机车则只用于铁路支线上。地铁如果没有电力驱动的话是不可想象的，甚至连自行车都使用电机开启了一个新时代。而当今的大众化汽车却依然如卡尔·奔驰和尼古拉斯·奥托[1]时代那样用内燃机做动力源。个人移动出行第一次真正的彻底变革所带来的冲击，也就是意味着汽车将没有任何尾气，早在 20 世纪 80 年代末美国就已面临这个问题。所谓的 Zero Emission Vehicle（ZEV），即零排放汽车，由加利福尼亚州的管理机构和立法者发起。加利福尼亚州是美国人口密度远远高于其他州的联邦州，并且有伯克利和斯坦福等名校，还有汇聚了互联网时代顶尖企业的硅谷，是创新与远见方面的典范州之一。加州人也喜爱汽车，但过分喜爱就可能产生问题。全加州 3500 多万人口总共拥有超过 2500 万辆汽车，同时汽车尾气也就成了加州空气污染的最大元凶。人口超过 370 万的加州最大城市洛杉矶，在 20 世纪六七十年代经常整周时间笼罩在危害性的雾霾中。

---

[1] 于 1877 年发明四冲程发动机。——译者注

加州人很早就已经意识到有必要采取针对性措施。最重要的一步就是在20世纪70年代末建立了国家机构加州空气资源委员会（California Air Resources Board，CARB）。在CARB的主导下加州出台了一系列重要的环境法规，而且CARB也负责我们当今先进的低排放汽车的一部分重要内容。1966年CARB就确立了美国的第一批尾气排放标准。1970年由CARB制定了碳氢化合物和氮氧化物的法定最高排放值。这两种化合物在根本上促使了像洛杉矶这样的城市上空有害雾霾层的形成。在CARB的压力下，汽油发动机的三元催化器被研制出来，并且比欧洲早很久就在美国立法用于新车上。1993年立法规定了柴油尾气净化准则。自此，加州开始对柴油轿车执行全世界最严格的尾气排放标准。而1990年就已由CARB进行立法，以实现汽车的零排放。根据该法规，至2003年加州10%的销售新车应零排放行驶。严厉的罚款对无法满足该法规的制造商构成了一种威慑力。为此通用汽车这样的制造商于20世纪90年代就已开始投资开发燃料电池汽车。虽然随着时间的推移，严格的零排放规定有所松动，但加州在全世界第一个做到了迫使汽车产业对零排放汽车进行投资。毫无疑问，主管当局绝对在车企管理者们的心目中没有好感。

作为环境保护的领跑者，加州不仅是美国的先驱，这个州的法律和环保措施也成为全世界环保政治家们的标杆。零排放汽车之路从这里开始，尤其要感谢玛丽·尼克尔斯，她在1979—1983年第一次任职CARB主席之前很久就开始了与空气和环境污染的斗争。目前，年过70岁的玛丽·尼克尔斯是一位富有个性的女性，在其整个职业生涯中以无比的热忱为改善环境和空气质量而战斗。《洛杉矶时报》（*Los Angeles Times*）于2016年4月撰文评价其在为高质量的空气和清洁的环境所做的斗争中有着“摇滚巨星”一样的影响力。美国前总统奥巴马的环境政策咨询顾问卡罗尔·布劳纳谈及玛丽·尼克尔斯时称其为气候变化方面的“领军人物”。布劳纳这样说，由于二氧化碳排放而造成的地球变暖，是我们这一代人面临的最大挑战，玛丽·尼克尔斯将是找到最佳解决问题途径的那个人。

内燃机终结的开始

2015 年玛丽·尼克尔斯再次以一个轰动性的诉求引起公众的关注：她宣布自 2030 年起加州将不再允许装有内燃机的新车上路。汽车制造商未来应当以电动汽车来推动移动出行的进步。目前很多政治人物，比如包括德国绿党政客迪特·雅内泽克也将尼克尔斯的要求为己所用。雅内泽克甚至想从 2025 年就禁止配有汽油和柴油发动机的新车上路。这个想法虽然不太现实，但明显可以看出是在效仿玛丽·尼克尔斯的手笔。

在挪威，政府正在制定一部法律，通过对内燃机汽车课以重税尽可能令其无法销售。电动汽车在挪威已经从若干年前就开始免征当地 25% 的增值税。这些和其他的优惠政策如愿地保障了零排放汽车的繁荣，而且是在那样一个国家财政收支大部分靠石油收入来支持的国家。在荷兰，人们也在考虑通过法律在 2030 年以前就禁止内燃机新车。

敲响汽油车和柴油车告别的钟声的，并非 20 世纪七八十年代所一直宣称的原油储量的枯竭或化石能源矿藏的耗尽，而是维护地球生存条件的迫切性，是勇敢的政治家们对抗气候变暖所做的斗争。加州占有美国新车销量的 10%，这个联邦州有足够的权力采取禁行、审批限制和高额罚款来落实玛丽·尼克尔斯所宣布的目标。在加州坐落着硅谷，世界上最重要的软件公司聚集地之一，拥有 Adobe、苹果、eBay、Facebook、谷歌、英伟达、特斯拉等公司的中心总部及其他重要的企业，加州是现代美国最具代表性的联邦州。禁止内燃机新车上路将对美国之外也会产生信号传导作用。

中国从现在开始就以电动汽车作为汽车行业的关键支撑点。没有中国，汽车产业在未来就无法运转。而中国人在尾气排放方面正致力于迅速转向。中国的大城市和 20 世纪八九十年代的加州一样饱受恶劣空气和雾霾之苦。

在北京、广州、贵阳、杭州、深圳、上海和天津这样的大都市也因此于2014年对新车注册实施上限调控。在北京，新车的牌照号按照一定的数量上限进行摇号。根据官方数据，汽车排放占据了北京颗粒物污染大约31%的比重。当越来越严重的危害到人体健康的雾霾实实在在地掩盖了中国工业增长的光芒后，中国有关部门表示，大城市在中央政府于2014年发出的“向污染宣战”的号召中要首当其冲。

北京或上海在对抗空气污染的斗争中发出了明显要比有些德国大城市更强有力的信号。无论北京还是上海，不再有噪声隆隆、气味难闻的两冲程发动机的摩托车上路。在这两个大都市里，只有悄无声息和毫无尾气异味的电动摩托行驶在路上，而且这从几年前就开始了。北京在一夜之间就禁止了两冲程发动机车型上路，对我们的大城市来说是一个善举。

我们周围的世界比我们想到的和我们的官员显然所估计的要更加先进。即使当默克尔总理宣布德国将扩张成为电动汽车的主导市场八年后，德国真正上路的电动汽车也还不到2.5万辆，而中国仅在2015年就售出了33.1万辆新能源汽车（New Energy Vehicles，NEV），而且增长率巨大。中国许多大城市的政府承诺购买新能源汽车时给予最高1万欧元的补贴支持，并大量投资建立一个充电站的网络。变革的压力正是来自中国，来自美国加州，来自挪威或荷兰这样的小国家；外国的政治家们和重要政府部门正在大力推行汽车驾驶的零排放。而在汽车王国德国又发生了什么？基本上什么都没有。从国际横向比较上看，德国在这方面只能悲哀地敬陪末座。有关电动汽车的那些持续了若干年的总理讲话，柏林的政府辩论及所谓的“峰会”和电动汽车的国家平台让人感到都是一出出的傀儡戏。

大众集团在美国的柴油车上关于氮氧化物排放值作弊的丑闻引发了世界范围的愤怒与轰动。大众柴油门长久地动摇了对柴油动力技术和尾气净化系统的信任。源于德国的汽车制造商奥迪、宝马、奔驰、大众，甚至保时捷现在也面临一个巨大的问题：迄今为止它们卖出的80%的汽车是柴油动力车型。它们所谓的低二氧化碳排放量“被兑换”为明显过高的氮氧化物负担。导致这一切发生的就是之前提到的热窗技术，这种技术会为了所谓保护发动机，允许尾气净化系统关闭一小段时间。发动机技术人员和汽车制造商将这个时间窗口厚颜无耻地加以伸展，并将尾气系统的程序进行设定，使其在低温天气时使氮氧化物未完全净化就排放出去。

2016 年年初，为对大众柴油丑闻做出反应，柏林的联邦交通部委托机构对不同制造商的 53 个车型进行了尾气检测。结果令人震惊。说穿了，接受检测的车辆中有一半的不合格车辆的数值“可解释”，就是说至少对其作假能说出一个理由；而另外一半车辆的作弊则“无法解释”。甚至连一向与该行业联系紧密的默克尔总理也对此避之不及。2016 年 5 月在梅泽贝格宫国宾馆与日本首相安倍晋三的一次会见间隙，默克尔尖锐地提到：“我认为，氮氧化物排放值所涉及的问题，正是欧盟内部当前状况的结果，有待于法规标准的进一步精细化。”柴油车丑闻明显地加快了向一个可替代、零排放的汽车未来时代转变的进程。

之前提到，德国有大约 50 个集群区域存在着明显的氮氧化物负担过高的问题。迄今为止，联邦政府坐失了布鲁塞尔欧盟委员会对于积极行动起来对抗德国大城市氮氧化物污染的所有劝诫。尽管因为柴油门丑闻，这一态度仍然看不到真正的改变。整个看起来，似乎德国将进步都押在了柴油机技术上。这是一个危险的错误，因为事实与此截然相反，而柴油门只是最终和最耸人听闻的证明。

可以举出一系列的例子来表明，更加严格的环保法规不会像工业联合会和金属行业工会经常所宣称的，会令我们的城市失去经济吸引力。伦敦就是一个例子：那里自 2003 年以来就设立了一个城市收费系统，而结果有目共睹：颗粒物减少了 15%，氮氧化物污染减少了 13%，而伦敦的经济前所未有地繁荣。电动汽车在伦敦市内行驶免收过路费，因为这些车都是零排放行驶。2016 年 5 月刚当选的伦敦市长萨迪克·汗除此之外还推出了一个所谓的T收费计划，对汽车的尾气排放实行更加严格的法规。自2017年起，如果驾驶一辆燃油汽车，其尾气的净化被确认为未达到欧4的标准，在进入伦敦市时除缴纳每天11.50英镑的城市费外，还要交10英镑的T收费。对载重货车和大客车的T收费为每天100英镑。此外，萨迪克·汗还推动引入了“超低排放区”，即自2019年起在伦敦设立类似于零排放的区域。

在阿姆斯特丹，电动汽车的停车位免费，而常规车辆在市区内则必须付出很高的停车费。阿姆斯特丹也是一派繁荣，汽油车和柴油车的空间越来越小。

更严格的油耗法规：欧洲的觉醒

尽管如此，欧洲在通往电动汽车的路上依然是小步快赶地前进。2007年欧盟委员会决定，至2015年将欧盟销售新车的油耗及所导致的二氧化碳的排放量限制在平均每公里130克［最初时甚至定为120克，但德国总理默克尔在其党内同僚、德国汽车工业联合会（VDA）主席马蒂亚斯·维斯曼的迫使下，在布鲁塞尔否决了这一数字了］。这相当于一辆柴油车百公里平均4.71升，一辆汽油车5.36升的油耗。多年前，欧盟委员会就已敦促汽车制造商降低其燃油油耗。大约2000年前后，欧盟所售的新车平均油耗每百公里高于7升，或换算为每公里超过170克的二氧化碳。制造商们再三地竭力保证，它们愿意以一种“自愿协定”的方式来解决这个问题，并最晚在2008年将二氧化碳排量降至平均140克。然而它们几乎没有什么行动，直至最终欧盟委员会介入。现在若是达不到130克的目标，就要承担严厉的罚款（见图9）。

当这一要求获得表决后，一时激起巨大的声浪。德国汽车工业联合会预言，这将引发一次血雨腥风，并描绘了一幅德国汽车产业损失数以千计工作岗位的图景。当时的环境部长西格马·加布里尔甚至在德国中央电视台提到

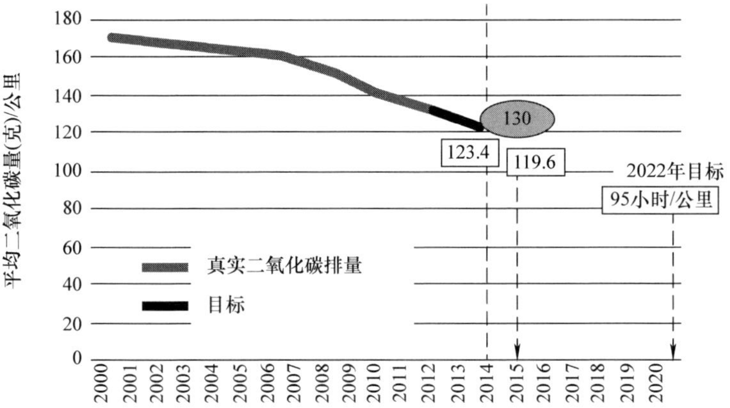

提示：95克二氧化碳/公里=3.6升柴油/100公里=4.0升汽油/100公里

图 9　欧盟内每辆新车的二氧化碳排量

这是一场“反德国的汽车战争”。而今天呢？制造商们的最新车型不仅明显低于欧盟委员会的规定，即便是总理迫于行业压力而一口回绝的每辆新车平均 120 克二氧化碳的目标值在今天也成为现实。工程师们的创造性让节油技术成为德国汽车产业的出口畅销品。

众多的革新，如起动 – 停止技术，以三缸取代传统的四缸，以更小的增压发动机达到更大功率，更轻便的原材料，改善风阻等不一而足，这些技术的实现甚至可以不必推高成本。一个小小的技术却造就了令人惊叹的奇迹。义务法规引发了真正的革新浪潮，德国汽车制造商和零配件供应商从根本上成了这场并不受人欢迎的调控的最大赢家。德国的总理必须为前欧盟委员会环境委员斯塔罗斯 · 迪马斯先生为德国所立下的汗马功劳授予一枚奖章。很多其他的例子也显示出，严格的环保义务法规绝对不会对产业造成伤害，而是常常会起到相反的作用。

未来会有两个新的法规上的明显收紧。第一个是新的油耗测试循环。老的测试循环，又称 NEFZ（新欧洲行驶循环），已经争议颇久。根据该标准，人们在理想的实验室条件下进行油耗测试，而这意味着，不开空调、暖风，没有类似前照灯或刮水器那样的用电器，充满气的车胎，130 公里的最高时速，21℃的理想外界温度等。一点也不奇怪，在这样的状况下测出来的是完美数值，而非真实的日常油耗。日常油耗通常要比童话般的实验室数据高出20%以上。今后要改变这样的状况。经过长年以来的压力，特别是从大众柴油车排放丑闻中吸取的经验，一种新的检测方法得到采用，即所谓的世界轻型车测试程序（Worldwide Harmonized Light Vehicles Test Procedure，WLTP）。德国计划于2017年9月年引入WLTP。这样一来，内燃机汽车就会更难以达到这一规定。法国汽车制造商标致雪铁龙所做的一项大型测试也表明了这一点。这家法国公司通过独立测试机构对其30款最畅销的车型进行了真实行驶条件下的油耗测试，并于2016年7月在其官方网站向公众公布，做到了充分公开和透明。车辆不再是在实验室里，而是在乡村公路上，在城市道路上和高速公路上开着空调，载着行李和同乘者，在拥堵和上坡的工况下行驶。结果令人失望。车辆平均比在欧盟委员会所规定的NEFZ测试标准中的理想测试条件下多耗费了45%的燃油。这也表明，政策机构在制定法规时必须更加内行一点。其次，如果我们想认真对待制定出来的气候目标，就必须加快电动汽车的进程。

第二个法规上的收紧是更严格的最高排放值。自2022年开始，欧盟内的新车平均每公里只许排放95克的二氧化碳。对于柴油车来说这相当于每百公里3.6升，汽油车4升的油耗。对于制造商来说这意味着，每卖出一辆油耗8升的高级轿车，必须相对地卖出两辆油耗为2升的微型车，才能在整体车型品种上达到平均值目标。

最终，我们的移动出行也将发生变化，虽然慢但却稳妥。零排放汽车已初具雏形。根据欧盟的规定，淘汰内燃发动机汽车的开始就不会再有回头路。重要的是，汽车制造商要及时，也就是今天就要转变方向。可惜目前的政治界和汽车产业界还在过多地搞拖延战术。例如，德国总理在讨论未来的最高排放值计划时还在严词拒绝欧盟委员会原先的规定，致使新法规的引入实际上向后拖了两年。然而，改变定势的发令枪声早已响起，尽管在德国有那么一些人还不太愿意听到它。内燃发动机的诸多副作用强制性地开启了一个新的开端。当前的技术向我们提供了三个选项。第一，燃料电池汽车；第二，所谓的插电式混合动力汽车；第三，蓄电池电动车（如特斯拉）。

燃料电池汽车：质高则价昂

燃料电池汽车从理论上讲是未来发展最理想的方向。但也仅仅是在未来。燃料电池已证实有差不多200年的历史。1838年德国瑞士化学家和物理学家克里斯蒂安・弗里德里希・尚班发现了燃料电池的工作原理。大约在1870年，就已经爆出了第一个关于燃料电池的炒作，它甚至触发了小说家儒勒・凡尔纳的想象力。这个科幻小说家当时曾预言说："水就是未来的煤。"然而用于像汽车这样的移动工具的燃料电池，其原理构成却相当复杂。虽说过去一再有燃料电池汽车被公布出来，并作为测试车投入使用，但远远还不能实现批量生产。

戴姆勒公司前董事长于尔根・施伦普向来喜爱大场面。以一句"期待非凡（expect the extraordinary）"的宣言，把戴姆勒和克莱斯勒两家公司于1998年合并，被誉为"天堂上的婚礼"。这场天堂之旅差点将戴姆勒推向毁灭。仅仅两年后，施伦普的第二个大手笔又登上了日程。施伦普与德国前总理施罗德一起于2000年11月在柏林变戏法一般地变出了世界上第一辆"零升汽车"。据称它将成为汽车产业的一个永动机，并且2004年就能进入量产。根据这个想法造出了几百辆样车，然而真正的量产至今也没能实现。

该车以当时的奔驰A级轿车为蓝本，配备了燃料电池技术。其作用原理是由汽车本身发电提供自身的动力。燃料电池将氢气罐中的氢气和空气中的氧气转变成水，并在此过程中发电。排气管中不会排出废气而是滴出水滴。听起来很棒、很简单、很清洁，而事实上依然存在着几个问题。

第一，这个技术的成本很高，因为氢气是一种非常容易逃逸的气体，汽车中的储存系统和燃料管路设计起来非常复杂。类似的还有汽车中获取电能所必需的燃料电池堆，以及额外的储能器。燃料电池输出的电力一般都是均衡的，但汽车需要的能源却是波动的，比如在加速时需要更多的能量，这就需要一个功能强大的蓄电池。所有这些都使燃料电池汽车在生产中要比目前的蓄电池动力电动汽车明显更贵。

第二，全世界所有国家都缺乏氢气灌装基础设施，而设立氢气灌装站同样极其昂贵，氢气灌装系统所需要的成本要比建造快速充电桩或常规加油站高出几倍。

第三个弱点是氢气本身。目前每克氢气的售价为大约 9 欧元，这足够行驶差不多 100 公里的路程。而传统燃油，如果不考虑税费，其成本只占氢气的 1/3 不到。此外，目前的氢气是从原油或天然气中生产出来的，并不是最理想的绿色选择。未来虽然氢气可能从电能中制造，但是建造这样的氢气生产工厂也要承担极高的设施建设成本，令人不禁产生出这样的疑问，为什么要用电来制造氢气，再用这些氢气在汽车中来发电。毕竟每一次的能量转换都会产生大量的能量损失。整件事里唯一的优点就是氢气的快速灌充过程，其速度大约可与一辆先进的天然气汽车的灌充速度相比。

这些想法表明，燃料电池汽车在理论上很有吸引力，然而作为大批量生产就有些天方夜谭。如果没有氢燃料汽车，谁会来建设这些极其昂贵的氢气灌充站网点呢？如果没有氢气灌充站，又由谁来建造氢气生产工厂？如果没有氢气，谁又会来购买氢动力汽车呢？这个恶性循环中的每一个环节都只有在极高的成本下才能有所改变，这也使得该技术在目前并不具备竞争力。

因此，从所有的预见来看，丰田不久前在这一细分市场中的试水也终将失败。这家日本企业于 2015 年推出了其型号为 Mirai 的燃料电池汽车。就像丰田已经销售了超过 15 年，在全球卖出了巨大数量的混合动力汽车一样，日本计划借助于燃料电池汽车来引领未来的零排放移动出行。丰田用自己的话说就是以 Mirai 向市场提供“第一辆使用燃料电池的大批量量产汽车”。

这个大批量究竟怎样，可以通过新车注册数量来显示。在美国市场上，2016年前半年每个月不足40 辆 Mirai 燃料电池车被注册，而那里平均每个月售出将近150 万辆新车。丰田所宣称的“大批量”，谨慎表达就是“可解读”。在德国，即使到了2016 年的年中，要想寻找这款量产汽车的注册统计数据都是徒劳。丰田德国官方网站上连这款车型的售价都找不到。既然 Mirai 是世界上第一辆量产燃料电池汽车，而在像德国这样的市场上，虽然广告宣传随处可见，但却连一个售价都没有。在美国，至少在报价单上有个 5.75 万美元的价格，相当于高尔夫级别的汽车。难以想象，一个消费者会支付这样的价钱来买这种规格的汽车。即使丰田能够做到将汽车的价格狂降 50%，虽然在今后 20 年从技术上几乎是不可能的事，但这个价格对于一个紧凑型汽车来说仍然太高，况且这个车基本上没有灌充氢气的可能性。燃料电池汽车从长远来看仍然是一个梦想。而零排放汽车的其他技术发展则更快、成本明显更低，并且基础设施的建设更易于实现。

插电式混合动力的歧途

插电式混合动力让蓄电池电动汽车和常规的汽油和柴油动力汽车之间达成“妥协”，曾经被考虑为一种过渡技术。因为大容量蓄电池价格很高并且充电时间通常持续很长，因此就产生出一个想法，将常规驱动与电力驱动结合起来。这种被宣传为“桥梁技术”的方案据称是将“两个世界里最好的东西”结合起来。然而，就像通常所见的那样，在妥协中最多也只能产生出平庸的货色。

我们接下来仔细看一下这种妥协。插电式混合动力汽车不像燃料电池汽车那样从技术和结构上都有一个彻彻底底的全新开始，而是基于电力驱动的一个逐渐实现的过程。通过使用容量越来越大的蓄电池，来一点一点地延长汽车的电力续航里程，直至最终有一天达到纯电动汽车的目标。这样就会防止当前的技术一夜之间过时，并能以一种软过渡的方式进入全新的时代。对于常规生产商来说这种好处显而易见。我们今天的汽车发动机包括尾气处理装置、燃油供给装置、发动机管理系统，以及相关的重要传动装置占了汽车产值的30%还多。由于内燃发动机是一个非常具有“创造价值”的部件，因此所有的汽车制造商都拥有自己的发动机制造厂，里面通常有数千人就业。而当颠覆性的技术革新出现时，这些庞大的发动机厂就成了问题：公司的一大部分资产几乎在一夜之间就会一文不值。

先进的电动发动机在技术构造上也相对简单，因此比内燃机明显便宜且易于制造。这样一来，老的生产设备就会被淘汰，必须进行替代，而汽车制造商至今又缺乏蓄电池生产的经验，因此它们首先就失去了价值链上一个重要的部分。所以一点也不奇怪，找到一个所谓将两个世界中最好的东西合二为一的解决方式，对生产商来说具有莫大的吸引力。所有人都将筹码压在了所谓的插电式混合动力技术上，并在过去的20年中投入数以10亿计的资金进行开发。而其中为数不多的例外里就有雷诺日产，其总裁卡洛斯·戈恩从一开始就选择了走纯蓄电池电动汽车的道路，然而时至今日依然没能以它们的车型实现预计的销售。

插电式混合动力技术是指一辆车有两个“心脏”：一个内燃发动机和一个电动发动机。这些在纯电能驱动的情况下最多只能行驶30～50公里的汽车，平均要比普通动力汽车贵出1万～1.5万欧元，毕竟它们需要两个动力系统和两个储能器，一般是一个燃油箱和一个蓄电池。表2给出了2016年在德国出售的插电式混合动力车型的情况概览。

表2　德国的插电式混合动力车（2016）

车型	电力续航里程
奥迪 A3 Sportback e-tron	50公里
奥迪 Q7 e-tron	56公里
宝马 225xe 运动旅行车	40公里

（续）

车型	电力续航里程
宝马 330e	40 公里
宝马 740 eDrive	40 公里
宝马 i8	37 公里
宝马 X5 xDrive40e	31 公里
宝马 X5 xDrive40e	40 公里
奔驰 C350e	31 公里
奔驰 GLE 500e 4MATIC	30 公里
奔驰 S 500 Plug-in-Hybrid	33 公里
三菱欧蓝德 PHEV	52 公里
保时捷卡宴 S Hybrid	36 公里
保时捷 Panamera S E-Hybrid	25 公里
丰田普锐斯 Plug-in	25 公里
沃尔沃 V60 Plug-in-Hybrid	50 公里
沃尔沃 XC90 Plug-in-Hybrid	40 公里
大众高尔夫 GTE	50 公里
大众帕萨特 GTE	50 公里

来源：欧盟委员会、美国加州空气资源委员会（CARB）与杜伊斯堡－埃森大学汽车研究中心（CAR）

还有就是插电式混合动力汽车重量更大，因为它必须同时“拖带”蓄电池加燃油箱和电动发动机加内燃机。更高的重量意味着更高的能耗，因此从生态角度绝对不是一个最佳选项。插电式混合动力车的第三个缺点是电力续航里程低。如表 2 所示，当前的插电式混合动力汽车拥有的续航里程为 30～50 公里。这就相当于用 50 公里的电力里程换来了诸多的缺点：一辆奥迪、宝马、奔驰或保时捷的高级车型用户并不会因为 30 公里或 50 公里的电力里程而拖着笨重的充电线缆在路上到处跑。

因此，采用插电式混合动力技术几乎实现不了二氧化碳的减排。虽然在纸面上显示的标准能耗看起来很低，但这更多的是建立在计算手法上而非真正地省油。此外，尤其在高级车型的汽车上还要设想一下，其绝大部分的动力能源来自内燃发动机而不是电力插座。在确定油耗时，如采用 NEFZ 这样的测试标准，仅仅是模拟小段距离的行驶，而且车辆开始行驶时，蓄电池总是充满了电，因此排放量在计算时被“美化”了太多。这样插电式混合动力技术并没有降低二氧化碳排量，却产生了明显更高的成本，同时还要（在本来就建得极为稀少的充电站网中）对付操作烦琐，一点也不方便的充电电缆，只为了那几公里的电力里程。凭什么要开车的人买这样的一辆汽车呢？

一点也不奇怪，插电式混合动力车很快在汽车制造商和经销商那里成了滞销货。数十亿的资金投入到开发中，因为制造商根本就没有胆量将真正突破性的技术革新投放到市场上。这就好像苹果将其 iPhone 手机设计成采用触屏技术来操作开关命令，而拨电话号码却用的是传统的按键。没有人会买这样的设计，凭什么要买呢？

虽然德国市场提供了大量的插电式混合动力的车型，但在 2015 年却只有不足 1.25 万辆新车注册。平均每个插电式混合动力汽车的车型一年只有 730 辆车被注册。如果再去除经销商和制造商超过 40% 的自购注册新车，而只计算“真正”售出的车辆的话，那么德国在 2015 年每个车型只卖出不到 450 辆的插电式混合动力车。比较一下：同一年德国注册了 209 464 辆大众高尔夫、95 586 辆大众帕萨特、67 607 辆奔驰 C 级和 8271 辆新保时捷 911 的新车。很显然插电式混合动力车与客户的需求还有若干光年的距离。

算术平均的谬论

将电能存储于铅酸电池或镍镉电池的电动汽车以前经常会有。例如，1994 年由法国电力公司（Electricité de France，EDF），法国汽车制造商标致雪铁龙和法国城市拉罗谢尔联合推出过一个大型的试验性项目。该项目在市区投入了 50 辆改装为电动汽车的标致 106 和雪铁龙 AX 微型车。EDF 甚至建立了自己专门的服务站点，在那里采用一种紧急充电模式可以在一分钟内充够两公里车程的电能。结果就像之前曾做过的其他努力一样成效甚微。该活动在几年后停止。同样不成功的事也发生在自 1996 年起小批量量产的车型标致 106 Électric 上。标致早先想建立起载重货车 J5 电动版市场的努力也失败了。车身重、蓄电池超占空间、充电时间长及续航里程低，这些客户缺陷使得电动汽车难以翻身。当时的蓄电池技术绝对不适合于电动汽车。

随着锂离子电池在娱乐电子和家用电器中的大力推广，电动汽车迎来了第二次机会。大约在 2010 年，第一波采用锂离子电池配置的电动汽车上市。虽然锂离子电池过去在移动电话、手提电脑和其他电器中作为能源存储器已普遍推广，但依然处于高成本之列。此外，汽车制造商对锂离子电池提出的质量和安全要求更加严格，并且还要与电池供应商一道共同琢磨专门用于汽车的解决方案。这样做不仅耗费时间长，而且成本不菲。特斯拉创建人埃隆·马斯克在这方面一如既往走非常规途径，直接将手提电脑电池进行了功能改造用于他的电动汽车上，而此时，传统的行业代表们还在喋喋不休于成本，并始终围绕着一个问题打转：储能容量有多大，相应的锂电池的规格应该是多少。

宝马后来于 2008 年开启了一项 500 辆电动迷你车的大型试用活动。电动汽车是改装的宝马 Mini，由于电池组过大只能用作 2 人座汽车来驾驶，后排座位被蓄电池占据。“这个项目的想法并非只是造出一辆车，而是展现技术的进步。2010—2015 年，我们想推出一个电动汽车系列，至于在哪个品牌下面，目前尚未确定。”当时的宝马首席战略官弗里德里希·艾希纳在 2008 年 11 月介绍测试车队时说。这些车的很大部分在美国都可以由私人以每月 850 美元的价格租赁使用。宝马是想通过这个测试在技术数据之外更多地了解电动汽车的客户接受度。调查的结果在图 10 中总结出来：在德国，一辆私人轿车的平均每日行驶里程为 40 公里。超过 90% 的日驾驶里程低于 100 公里，而每日行驶超过 120 公里路程的汽车则很少见。

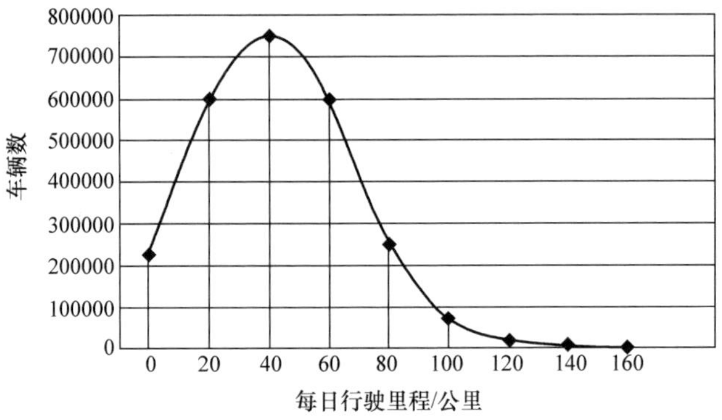

图 10　宝马 Mini-E：德国私人轿车每日行驶里程

这个大型实验的结果经常被宝马的董事们在公众演讲中拿出来展示，并从中推导出这样的一个认知：能提供一辆 120 公里续航里程的电动汽车就足矣。这将会是在蓄电池的高成本与为客户提供必要的续航能力之间一个可以能够让人承担的比例。然而也因此就诞生了“算术平均的谬论”，并作为宝马 i3 和三菱、日产、雷诺或 Smart 等很多其他电动汽车的研发准则，这些汽车都遵照着算术平均的原则进行设计。然而来自其他行业的广泛的客户经验一再证明，市场调研根本不应该以算术平均，也就是客户需求的平均值为导向，而是必须将其他静态数据，也就是极端值也考虑进去，埃隆·马斯克以他的特斯拉 S 型电动汽车就践行了这一点。汽车工程师们的市场调研带来了错误的认知，并导致了第二次惨败：虽然现在拥有了先进的蓄电池技术，但对客户期望的糟糕解读使得电动汽车又一次遭遇失败。

然而必须公平地说，原因不仅仅只是客户需求方面的错误结论，其他一些障碍，如缺乏充电基础设施、汽油和柴油的低廉价格、充电时间长且无快速充电模式等，都导致了第二波电动汽车热潮并没有给传统汽车制造商们带来企盼的成功。在德国最终只有全部卖出新车的不到 0.2% 是电动汽车。汽车制造商们就如同在插电式混合动力车上一样，虽然投入了巨额资金，却根本是错误的。一个一开始毫不起眼的新来者指明了通向未来的道路：这就是埃隆·马斯克和他的特斯拉原则。

特斯拉原则的胜出

目前一切都预示着：我们的零排放汽车将朝着蓄电池电动汽车的方向发展。年轻的美国汽车制造商特斯拉深刻地向人们展示了这一点。特斯拉原则简明而有力：不需要所谓插电式混合动力的妥协，500 公里电力续航，20 分钟快速充电和一个（自己的）快速充电系统，比如可确保驾驶者横穿欧洲的快速充电网络。特斯拉以这个概念在不到三年的时间里成为一个令人关注的汽车品牌。2016 年 4 月特斯拉 Model 3 的隆重推出显示出对特斯拉和它的电动汽车的炒作有多火爆。该车据说将于 2017 年年底以 3.5 万美元的价格在美国上市。根据特斯拉自己的报告，该车仅仅两周内就狂收了 40 万份订单。

特斯拉的汽车表明：只要概念正确，电动汽车的突破是可以实现的，简而言之就是电动汽车激起客户的热情。特斯拉的销售数字证明了这一点。特斯拉的车型 Model S，2015 年在全球售出了 5 万辆。该车在德国的价格为 8.3 万欧元起，相当于保时捷 Panamera、奥迪 A8 和宝马 7 系。而 2015 年保时捷在全球卖出了 1.72 万辆 Panamera 豪华轿车，奥迪卖出了 2.71 万辆奥迪 A8，宝马 7 系的销量则达到 3.64 万辆。这样对比就可以让特斯拉 Model S 的销量有一个对照。尽管是全新的技术，尽管是新的品牌，尽管销售支持站点很少，并且尽管一再地出现生产上的困难，但是特斯拉的高端车型销售依然大大好于三个竞争对手的传统车型。即使是保时捷的经典车型 911 系列加上它的所有车型变化，其 2015 年 3.14 万辆的全球销量依然明显低于特斯拉的 Model S。特斯拉以此提供了一个证明，那就是蓄电池电动汽车技术可以实现市场的突破并带来彻底的变革。

蓄电池电动汽车如何做到突破

1. 500 公里电力续航满足日常应用
2. 途中快速充电系统及可在工作岗位和家庭充电
3. 简单的电力结算系统
4. 有竞争力的价格
5. 情感化设计
6. 柴油税收补贴的取消
7. 严格的汽油和柴油车（二氧化碳和氮氧化物）排放最高值限定
8. 汽车共享系统的尝试

要使蓄电池电动汽车取得成功，需要正确的概念方案。这个方案以上述信息框中所示的八个关键点为基础。首先是满足实际应用的续航里程。除了特斯拉以外，迄今为止所有的电动汽车都续航能力不足，部分汽车在日常行驶时续航能力明显低于 100 公里的距离。特斯拉汽车表明，使用标准的锂离子电池制造一辆满足日常使用的电动汽车是完全可行的。眼下所有的汽车制造商也都在致力于提高车辆的续航里程，第三次电动汽车的浪潮正滚滚而来。欧宝宣布其 Ampera-e 车型于 2017 年上市，续航里程将达 350 公里。奥迪公司计划将其超过 500 公里续航能力的电动汽车奥迪 SUV e-tron 在 2018 年投放给经销商，而之后奔驰、宝马也将开始生产 500 公里续航能力的电动汽车。市场的供应终于走上了正确的方向。

其次，需要建立能够中途快速充电的基础设施。特斯拉作为一家年轻的公司独立建立起来的正是这样一套系统。如果人们驾驶电动汽车从杜塞尔多夫去巴黎或从慕尼黑去米兰（当然这种情况不会经常有）就必须拥有一个覆盖全欧洲的快速充电网络系统。而这正是难以实现之处。欧洲每个有这样想法的国家都在为自己做规划。与其建立起无数各型各异的国家充电网络，不如在此之前由汽车制造商和能源集团亲自来考虑并投资这些设施的构建可能会更加合理。在瑞士就是由最大的瑞士能源集团 Alpiq 与德国汽车制造商共同协商建设快速充电网络。这里的快速就是说，在少于 10 分钟的时间内能够充满行驶大约 300 公里的电力。最新的特斯拉超级充电站的充电功率为 135 千瓦，人们甚至已经考虑到将充电功率增加到 300 千瓦，这样一来，充电过程就可以比特斯拉超级充电站的充电速度快一倍以上。

这样一个全欧范围的快速充电网加上自家住宅和工作岗位附近的简单充电站就满足一个前提条件，让驾驶电动汽车像驾驶柴油车或汽油车上路一样方便舒适。而相对于普通的内燃机机动车，我们的电动汽车行驶时为零排放。偶尔会出现类似于褐煤发电属于黑色能源而非绿色生态的论点，但这些论点并不得要领。我们正身处于我们能源体系的改造过程中，使用绿色发电的电力提高得越多越快，我们就能在发电时更快地淘汰褐煤、烟煤或瓦斯。如今所有驾驶电动汽车出行的人都使用的是在任何一个德国市政公共服务处可以买到的绿色电能。2016 年的圣灵降临节，被德国绿党政治家们定为一个历史性的时刻，哪怕那只是很短暂的一刻：全德国第一次在正午的几分钟里实现了全部由生态能源供电。㊀

电动汽车实现突破的第三个前提是简捷的电力结算系统。迄今为止的充电和结算系统，其特点是杂乱无章而非系统化。这将通过由汽车配套供应商博世公司提供的所谓充电应用软件很快就会得以改变。博世在 2016 年 5 月已经用它的应用软件将德国超过 3700 家公共充电网点进行联网。应用软件用户可以简便地在显示出来的充电站实现无现金充电，而不必事先亲自搞清技术和合同问题。使用充电应用软件和支付电费只需要一个支付账号和一次性的注册就足矣。应用软件的背后是一个功能强大的软件平台，这个平台将

㊀ 2016 年 5 月 15 日，人类能源利用历史上的一件里程碑事件：德国第一次实现了全国电力需求几乎全部由可再生能源供应。——译者注

不同的电力供应商、充电桩运营商、汽车制造商和驾驶人实时联网，是常被提及的物联网的一个范例。

第 4、第 5、第 6 和第 7 点必须前后联系起来看。电动汽车尤其是在城市里由于其驾驶起来无尾气排放和低噪声对改善生活条件具有非常积极的贡献，因此不能被如今像柴油那样的税收补贴体系毁于一旦。它需要的是扶持，比如在充分考虑到汽油车和柴油车对社会的不利因素和成本因素的情况下，对燃油汽车设立严格的标准，或者通过启动资金支持。如果不能以一个理智的尺度来处理这些事情，电动汽车在德国就不会获得成功。德国 2016 年 6 月开始实施的 4000 欧元电动汽车国家补贴对此会有所推动，但依然可能作用有限。第一，按该补贴政策，享有补贴权的汽车标价最高到 6 万欧元为止，刚好把最成功的特斯拉电动汽车排除在外。第二，充电基础设施的缺失，这就导致电动汽车无法舒适方便地行驶较长的里程。第三，电力续航能力较强的车辆供应品种有限。在世界范围来看，与中国或荷兰、挪威或法国相比起来，德国都位居其后。为了给工业基地德国及其汽车产业约 80 万的工作岗位一个更好的未来前景，需要政治界的更多积极参与。

为使汽车驾驶人很快熟悉新技术，提供不受约束地使用电动汽车的可能性，是一个具有重要意义的模式，也是最后一个重要支柱。我工作的大学、一家中型汽车共享企业、一家住宅建设公司和莱茵 · 鲁尔公交运输系统（VRR）在联邦交通部的支持下，于 2012 年联合创建了一个名为鲁尔电动车（RUHRAUTOe）的平台。鲁尔电动车是一个目前拥有超过 40 辆电动汽车的汽车共享系统，可以按小时以很少的钱（每小时 3. 25 欧元起）在鲁尔区所有重要城市的中心站点出借。至 2016 年 5 月有超过 2300 名客户使用了这些汽车，自开始以来一共行驶了超过 70 万公里。这个平台向共享用户提供了几乎所有常见的车型用于试驾。为了让新技术不仅限于向高级轿车用户展示，我们需要这样的共享模式。人们没有像在汽车经销店中试驾时所强加予的销售压力，每个人都可以形成自己对电动汽车的评价。我们的鲁尔电动车项目的经验表明，推行电动汽车的共享系统模式是值得的。

在走向零排放汽车的道路上我们走了一些弯路。如今我们正身处第三次电动汽车的浪潮中。年轻的企业家和创新者埃隆·马斯克以他的汽车品牌特斯拉向人们展示了，我们对个人移动出行的彻底革新是可能并可行的。仅靠减配车，如三菱 i-MiEV 那样的微型车，是不可能实现市场突破的，而是要以我们一直以来所熟知的情感化和舒适化的汽车来实现。汽车制造商们在零排放汽车上取得成功的关键不是被频繁引用的所谓扇形战略，也就是尝试所有可能，结果产生出过高的成本，而是集中于具有高度客户利益的产品。蓄电池电动汽车不仅出行更环保，同时电动发动机还能提供更好的能效。内燃发动机由于摩擦和生热出现很高的能量损失，在理想情况下只能将不足 40% 的所使用能源转化为动能，而与此同时，电动发动机可以将所使用能源几乎完全转化为动能（热能转化为机械能的这种效率计算，也称卡诺效率或卡诺系数，可追溯至物理学家萨迪·卡诺）。此外，电动发动机保养周期明显更长，因此维护成本低。一辆电动汽车的维护成本比维护一辆内燃机汽车成本低差不多三分之一，因为内燃机汽车承受的荷载更大，因此更易磨损。蓄电池的技术和成本难题已经通过锂离子电池更高的能量密度得到改善。未来巨大的潜力在于新的阳极材料，今后要用更轻的硅来代替碳。在这方面，我的同事克里斯托夫·舒尔茨领导的杜伊斯堡－埃森大学纳米材料研究小组已经取得了成功的结果。科学家们已经在硅基底上生产出锂离子电池的阳极材料，采用该材料可以将化学电能存储的能量容量提高 2.5 倍。汽车产业由电动汽车引发的彻底变革即将到来。

4. 汽车智能：自动驾驶汽车

我们早晨坐上一辆汽车，起动汽车。喝上一杯咖啡，打开报纸或检查一下我们的电子邮件，而与此同时，汽车自动找到了它的路线。这在航空领域或地铁上已经司空见惯的东西，在汽车上听起来依然具有革命性，由自动驾驶仪操控的机器人汽车。其实我们距离这个汽车界的第二大根本性变革已经很近了，我们今天就能够借助于人工智能驾驶汽车。航天火箭、月球或火星飞行以及所有的太空轨道卫星都早已精确安全地采用人工智能，而不是由人类来控制，还有什么不可以实现的呢？如今没有一个人类飞行员能够在标准状况下，如长距离飞行，在精确度和准确性方面赶得上一个自动驾驶仪。计算机从来不会走神，不需要休息，反应速度一直为纳秒级。2003 年引入的欧洲战机台风号是最先进的战斗机之一，这架多功能战斗机在德国空军以及英国、意大利、奥地利和西班牙等国家投入使用。台风号能以最高 Mach 2 的速度飞行，也就是两倍音速的 2400 公里时速。这架战斗机的极端飞行机动动作根本就无法由人来操作。对此我们的感觉和反应速度实在太慢了。台风号进行极端的机动飞行时只能由飞行控制计算机，所谓的 Fly - by - Wire 来掌控。这就是有关人工智能的一点知识。

自2012年开始，纽伦堡市的地铁2号线和3号线在大约20公里的路段，途径21个车站，完全按照行车时间表全自动运行，这就是所谓的无人驾驶。1987年起在大伦敦地区就有码头区轻轨铁路（Docklands Light Railway，DLR），一种高架轨道列车在34公里的线网范围内无人驾驶运行。在巴黎最繁忙的地铁1号线上，也从2012年开始启用无人驾驶列车。随着全自动列车的投入使用，巴黎地铁的发车间隔由105秒缩短至85秒，这样就能够运输更多的人。西门子集团预计，通过其在全世界超过14个地铁运营公司所使用的Trainguard MR全自动地铁控制系统，可降低电力成本达30%并提高准点率。

与飞机或轨道交通的无人驾驶相比，自动驾驶汽车绝对算不上科幻级别，而更像是一个晚起步者。我们在乘飞机或地铁时，早已将自己的安全和生命交给软件或高速计算机。针对能否允许计算机来决定我们的生命这个问题，诚实地说，我们已经千百万次地给予了肯定的回答。

改变硬件论英雄的彻底变革者

正如零排放汽车一样，自动驾驶汽车引发颠覆性变革的根源是技术。让我们掌握现实状况的传感器或视频摄像头，在邮票大小的芯片或半导体上运行的算法或运算程序，以及互联网技术是组成我们汽车人工智能系统的主要技术要素。这不是巫师的法术，而是由人类编写的运算程序和传感器在实现这一切。在过去，汽车制造商们以它们精雕细琢的发动机技术、机械系统和精心设计的底盘等体现驾驶感的系统引以为傲。然而，一旦由计算机来承担驾驶任务，制造商们就必须寻找新的途径，令它们的客户获得完全特别的驾驶感受，这种感受要传达出与众不同的情感，而这一点对它们的品牌至关重要。正如今天不会再有人将冒着浓烟的蒸汽火车头惊叹为技术的杰作，而充其量是出于多愁善感的情怀，这样的话，可能隆隆作响的8缸发动机或跑车底盘也很快会变成旧时光里的一个突出的符号。未来诠释客户情感体验的将不再是零至百公里加速或功率这样的技术性能参数，而是汽车全自动从车库里徐徐驶出时的雅致优美、灵巧精准，在弯曲路段激情飞驰时的“见弯使舵”。这就是动感与安全的结合。

机器人汽车实现了一种“芝麻开门”的效应：令人惊叹的数字化成就让我们的头脑中产生出无数新的图景。从人工智能、智能驾驶体验和灵巧动感中所获得的乐趣，打下了明日乐于冒险与情感冲动的基础。这样一种美学和技术享受的新体验，更类似于体验智能手机的界面或配件功能，而不是把玩一件贵重的实物，比如，一个镀金的钢笔托的感觉。自动驾驶汽车涵盖的内容远远超出了智能技术，它改变了我们的思维、我们的社会和我们的价值观。对于至今依然有些保守和迟缓的汽车行业来说，正有一股强大的风暴在聚集酝酿，将引发一场彻底的变革。

这股推动力来自于两个不同的方向：一方面是激进变革者，如苹果、亚马逊、阿里巴巴、谷歌、优步或百度。这是一些软件企业和互联网巨人，其核心能力在于数字化模式和人工智能，至今没有任何汽车设计、车身制造和汽车行驶系统上所见到的那些机械部件的经验。但它们是非常令人敬畏的新来者，因为它们能够从这个根基深厚的行业中快速抢走客户。就如摩托艇制造商一度从帆船制造商手中夺走客户，这样的事在整个行业的工业化历史上已经发生过无数次。

这里所指的不只是未来汽车零部件的网联化趋势。随着电动汽车与时俱进的发展，将有相当大的产品增值部分，如燃油发动机或精密工作的自动变速器以及用于加工这些零部件的高额投入都会失去价值。这其中对传统汽车制造商的资本来说隐藏着一个相当现实的危险。而对制造商的销售网络，汽车销售店来说也是一样的。汽车销售店的一大部分资金由与之相连的维修店来支撑。如果未来进入维修店维修的是电动汽车而非汽油或柴油车的话，那么提供的店内维修服务和销售额就可能会缩水达三分之一。

另一方面的推动力无疑依然是传统汽车制造商在机械、车身制造和材料加工方面，或者可以说是硬件方面的丰富经验。这样的“硬件汽车”以前曾是阿尔法·罗密欧、宾利、宝马、奔驰、保时捷或法拉利的独特竞争优势。如今一些大的品牌制造商也还在按照这样的策略，尝试采用它们以前的竞争优势，以应对当前面临的挑战。这里不以激进的变革为主要目的，更多的是以渐进变革的方式来构建千里未来之路。这两种观点哪个最终胜出，是新来者的革命性创造发明，抑或是守旧者的逐步创新开发，如今尚不好断言。这在很大程度上取决于个人移动工具的使用者，即汽车驾驶人有多快能感受到新时代产品所带来的乐趣，以及渐进变革的步伐进行得有多顺利。有一点可以肯定，那些长时间困于旧有模式的人将属于失败者，就像当初苹果将 iPhone 手机推向市场时，诺基亚却放弃了它的未来。

图 11　驾驶室里的新世界：奔驰 F 015 概念车

人工智能的客户价值

汽车驾驶人会在美丽的汽车新世界里任由计算机来操控汽车吗？还是

宁愿继续将方向盘紧握在手中？如果他们愿意改变，他们多快能自我调整适应，并产生新的服务需求？正是这些问题决定了谁将在自动驾驶的竞赛中脱颖而出。只有那些产生客户价值，让客户乐于掏钱购买的东西，才能获得成功。机器人汽车的巨大飞跃主要在于四个领域。

第一，人工智能技术能够让汽车的安全性更显著。驾驶汽车时人是最大的安全风险，而计算机驾驶汽车则“清醒”“理智”“注意力集中”，原则上不会犯错。只有通过自动驾驶技术才能在未来根本实现零交通事故死亡的“零愿景”。

自动驾驶汽车的第二个巨大的进步在于人们通过新技术赢得了时间。在以前则是洗衣机、洗碗机或微波炉这样的家用电器，使繁重的家务劳动变得轻松快捷。还有其他一些馈赠给我们大量时间的技术，像飞机，多亏了它我们才能到达或者更快到达遥远的目的地；电子邮件，它将过去美好的书信邮件几乎淘汰，使书信往来速度大幅加快；网上银行，让我们的银行业务处理变得快捷省时；Windows－Offices 系统和类似的软件，其采用的表格系统和幻灯展示技术将计算尺和胶片幻灯机时代所花费的时间预算缩短了不知几个光年。自动驾驶也是这样一种“馈赠时间的技术”，我们再也不必眼都不眨地注意交通状况，手握方向盘至痉挛。汽车历经了 130 年后，多亏了自动驾驶汽车，我们终于能够合理地利用在汽车里的时间。汽车迄今为止都是围绕着驾驶位来设计的。驾驶人是核心人物，他指挥着笨重的发动机，恣意地加速，挂上运动档。而车内乘客则完全是静态的。这样的图景现在转换成另外的场景：未来汽车的内部空间将会富于乐趣和情感因素。所谓的网联化，即汽车与互联网的连接和基于网络的服务，让一切变得如此引人入胜。通过赢得时间这一客户价值，我们汽车的内部空间将被赋予极高的重要性。汽车制造商所称的内饰，将成为高端汽车的差异化特征。内饰设计，也就是汽车内部空间的装潢，至今在重要性上尚不能与所谓的外饰，也就是车身外形的塑造同日而语。对于一辆汽车的设计感，我们通常会与车身的造型，也就是外部设计联系起来，最多会再加上仪表盘的设计及显示屏、按钮和开关的排列。这些将随着机器人汽车得到改变。拥有和享受赢得时间的奢侈是新的高端品质的准则。正如当今长途飞行中乘坐阿提哈德航空公司的头等舱与乘坐汉莎航空公司的经济舱有着本质的区别，这在未来的汽车上也同样适用。阿提哈德和汉莎使用的是相同的飞机，在同样的时间飞行同样的航线。然而旅客如何旅行，如何享用时间的方式却是区分的关键。如今汽车制造商和内饰供应商们已经对全新的材料进行了试验，这些材料同时可以像大的触摸屏一样作为应用程序、视频和电视的显示屏来使用。高端汽车，未来将不再是巨大的发动机功率或跑车底盘的代名词，而是智能化和考究地利用旅行时间的丰富可能性。这是一场革命，不仅仅针对跑车制造商。汽车内饰供应商如法国供应商 Faurecia 或中国汽车饰件供应商延锋将在未来参与打造汽车的新价值。

机器人汽车的第三个客户价值是数字化智能美学的乐趣。苹果以其 iPhone 手机、iPad 平板电脑或 MacBook 笔记本式计算机向人们展示了如何为人工智能产品找到一种表达美学、高档、简洁和精密的造型语言。人类的思维不是抽象的，而是用画面来呈现的。情感通过头脑中对画面的联想而引发出来。因此设计，也就是造型语言的重要性不言而喻，也因此我们乐于为此花钱。设计在汽车品牌的成功中扮演着突出的角色。奔驰汽车在董事会主席迪特·蔡澈的领导下进行新的方向调整获得成功，在很大程度上与集团设计总监戈登·瓦格纳打造的全新设计语言有关。奔驰官网上引用了瓦格纳这样的话："将感性纯粹作为新豪华主义的表达，目的是打造简约流畅的型面，彰显高科技的同时赋予了一个情感的元认知层次。"奔驰所有车型最基本的设计元素是所谓的"下压腰线"，一条位于车身侧面先是上升，直至最后下压的车身线条，这样就会产生张力并使轮廓完整。采用这样的一个造型语言也势必让传统汽车制造商在自动驾驶汽车上获得加分。而纯粹的软件集团公司通常对汽车造型的感知甚少，这也可能是为什么谷歌汽车如今看起来就好像是从摩比世界的儿童游戏角色里偷跑出来的一样。

机器人汽车的第四个重要的客户价值来自于一个事实，那就是通过自动驾驶显然会有更少的人在交通事故中受伤或死亡，交通事故数字及由此产生的保险和维修成本也会明显减少。因为消费者本身会问：如果有了全自动驾驶，我实质上只是一名乘客，我到底还需不需要一份汽车保险？说到底计算机终究是驾驶人，事故时如果证明是由计算机的驾驶错误所致，就必须由制造商承担责任，就如同今天出现了产品缺陷和召回是一样的情况。虽然对此尚需出台一个法律框架，但总有一天会出来。

采用机器人汽车我们就有机会接近“零交通死亡”的愿景。在德国机动车保险机构每年支付超过 250 亿欧元用于交通事故的损失理赔。在德国行驶的将近 5500 万辆机动车换算下来每辆车需缴纳超过 450 欧元的保险费，才能对因为机动车事故而导致的损失进行赔付。如果我们能完全无事故驾驶的话，那么仅在德国我们就能理论上每辆车每月节省 35 欧元以上，而不会在任何形式上影响我们移动出行的质量。在美国则每年有超过 2800 亿美元因为交通事故而“销毁”。这个数字还根本没算上事故健康损害的偿付。因此机器人汽车能够大幅度提升我们的社会生活水平。而自动驾驶技术的成本仍然在可控的范围内，与可以节省下来的资金相比几乎不值一提。这可以以 2011 年福特的福克斯新版本为例来很好地进行说明。

福特当初推出了带有 20 多个辅助驾驶系统的车型福克斯，这其中包括了泊车辅助系统、自动车牌识别系统、疲劳报警装置、车道偏离警示系统、自适应巡航控制系统、盲区监测系统、紧急制动辅助系统、倒车摄像头等诸多的配置。一辆 2 万欧元价位的紧凑型车在 2011 年就已配置了领先的安全和舒适系统这些自动驾驶技术所包含的元素。当年福特称之为“智能技术的民主化”。事实证明，对于自动驾驶汽车可能会让人负担不起的担忧并不存在，而是正好相反。

零事故愿景和“人”这个问题

将我们的汽车和道路设计成不会再出现道路交通死亡或重伤事故，这会有可能吗？这个问题不但使政治家们、工程师们和汽车制造商们焦头烂额，也让软件集团公司困扰不已。如果我们能做到这一点，那将是人类的一大飞跃。根据世界卫生组织（WHO）的计算，2013 年，全球当时每年有 125 万人死于道路交通事故。这个墓地的规模有多大令人难以想象。全球交通死亡人数在过去的七年中几乎没有变化。2013 年，仅在中国就有超过 26 万人死于交通事故，印度 20.8 万人，巴西 4.7 万人，印度尼西亚 3.8 万人及尼日利亚 3.6 万人。这五个国家构成了一个所谓“黑色排行榜”的顶端。这些数据表明，道路交通安全与一个国家的生活水平有一定的联系。西欧的结果虽然稍好，但德国的道路交通死亡人数依然不见下降。2013 年西欧总计 18 091 名交通死亡者，换句话说，每 10 万人口中每年有不到 5 人死于道路交通。这个统计榜的末位是希腊，每 10 万人口中有 9 名交通事故死亡者。德国以每 10 万人口中的 4.3 人位居中游，瑞典以每 10 万人口中的 2.8 人为交通牺牲者最少的国家（见表 3）。

表 3　可悲的结算表——2013 年交通事故死亡人数

	道路交通死亡人数	每 10 万人口死亡人数
比利时	724	6.7
丹麦	191	3.5
德国	3339	4.3
英国	1770	2.9
芬兰	258	4.8
法国	3268	5.1
希腊	865	9.1
爱尔兰	188	4.1
意大利	3385	6.1
卢森堡	45	8.7

（续）

	道路交通死亡人数	每10万人口死亡人数
荷兰	570	3.4
挪威	187	3.8
奥地利	455	5.4
葡萄牙	637	7.8
瑞典	260	2.8
瑞士	269	3.3
西班牙	1680	3.7
西欧	18091	4.6

来源：世界卫生组织（WHO），2015全球道路安全状况报告

瑞典人哪里做得更好呢？首先，2013年那里仍然还是有260名死者令人痛惜。不过从几年前开始，减少道路交通事故就在瑞典享有了很高的政治优先权。该讨论是由瑞典的交通研究员卡尔斯·汀威尔引发的。汀威尔很清楚地认识到，人一直是不安全的因素，因为人本身倾向于犯错，甚至会不负责任地行动。因此根据他的观点，国家应采取必要的步骤，比如以法律的形式或者也可能是以基础建设手段来进行引导。他的要求听起来既简单又彻底：对交通系统进行组织建设，确保做到不让任何人死亡或重伤。1997年瑞典国会宣布了将“零事故愿景”作为交通安全基础工作中的交通政策项目计划。瑞典就成为第一个将零愿景作为政治目标的国家。2011年10月欧盟将一个关于零愿景的意向书收入欧盟交通2050白皮书，但其措辞要明显比瑞典弱得多。斯堪的纳维亚人直接反映在交通安全统计数据中的成功显然是基于国家里存在着想要改变这一状况的政治意愿。只要欧盟层面缺乏这样的意愿，我们要实现零愿景就不会有真正的进展。

德国自1970年以来成功地将交通死亡人数从最高21 332人逐步地减少到最终的3475人。但有一段时间这个过程停滞了。尽管我们汽车上的安全技术越来越多，越来越精细，但死亡人数仍然保持不变，甚至略有上升。其主要原因就是人。

根据警察局的事故报告，德国 60% 以上造成人员伤害的交通事故原因在于驾驶人的错误行为。速度过快、车距过近、不遵守车辆先行规则、错误地转弯；当然也有疏忽行为，如不戴头盔或不系安全带、药物或酒精影响以及分神或注意力不集中等。这些都是发生车辆事故的主要原因。一份安联保险公司的事故研究报告称，40% 的驾驶人没有使用免提设备打电话，五分之一的人在开车时写短信。

人在道路交通上的错误行为是远高于其他因素的最大安全隐患，疏忽大意、没有耐心、无法控制情绪是很多交通死亡的主要原因。如今和未来我们可以借助于计算机来解决这个“人的问题”。

德国交通事故统计的一份分析表明（见表 4），造成人员伤害的交通事故绝大部分，即将近 70% 发生在城市交通系统。大约四分之一的人员伤害交通事故出现在乡村公路上，其余则是在高速公路上。与此同时，发生交通死亡最多地方的是在城市以外，首先是在乡村公路上。因为那里开车的速度明显比城市里要快，这也就不再奇怪：撞车时撞击的速度越低，对事故参与者的生命危险就越小。尤其对行人或骑自行车者来说，撞车时重伤致死的危险随着车速的增加而呈指数级上升。事故分析显示，当车辆以时速低于 50 公里行驶时，一个成年行人撞车致死的风险低于 20%。然而当汽车行驶速度高于每小时 80 公里时，撞击行人会有 60% 以上最终致死的风险。这在根本上就取决于汽车上的撞击预防装置、交通基础设施，以及允许的驾驶速度这三者之间的共同作用。当人们最终想进一步接近“不再有重伤，不再有交通死亡”这个目标时，立法机构（制定限速及建设措施的法规）就会和制造商一样受到质疑。

表 4　德国交通事故统计

交通死亡	人员伤害
60% 在乡村公路	70% 在城市
29% 在城市	24% 在乡村公路
11% 在高速公路	6% 在高速公路

来源：联邦统计局 2016

在城市交通中，可以使用像谷歌汽车那样最高时速为50公里的全自动汽车。这些汽车现在理论上已经能够在城市交通系统中执行所有必要的驾驶机动动作，而且不存在失去耐心，身心疲惫的人驾驶汽车的“风险”。即便乘坐者分神，喝了酒或过度疲劳，自动驾驶汽车仍然能够安全行驶。当所有乘客系上安全带后它才起动，行驶中一直在预判前方状况，它也会“关注到”其他的交通参与者如行人和骑自行车的人，并能够在一刹那做出反应。根据我们的估计，采用这样的自动化城市交通系统，可以避免高达70%的造成人身伤害的交通事故。这当然只是一个理论上的计算，但如果我们将自动驾驶系统引入人口密集的居住区的话，它就会体现出我们可能创造的社会价值。

从被动安全到人工智能

在人口稠密的居住区以外，由于车速较高，危及生命的风险要高于城市交通的地方，自动驾驶系统也能对避免事故的发生起到很大的作用。它现在就已经在这样做了。

改善车辆安全之路在过去的40年中历经了三个大的阶段。构成最初阶段的是所谓的被动安全系统。这些系统的作用目的是达到一种装甲的效果，在发生碰撞时能够保护车里的乘客不受伤害。被动安全系统比如在德国1974年成为新车必配装置的安全带，1990年开始在奔驰车上投入使用的安全气囊，车门区域的侧面加强筋或缓冲溃缩区，都会明显降低受伤的风险。然而这些措施的关注点始终放在每辆车的使用者身上，而很少放在其他的事故参与者，如骑车的人或行人身上。

在被动乘客安全保护技术取得诸多进步以后，主动安全技术日益成为热点（见图12）。现在的想法不再是将驾驶人和乘客“全副武装”起来，而是去躲避障碍。汽车开始变得智能起来。现在由传感器和控制器报告并计算行驶状况，由所谓的执行机构来对驾驶进行修正，这是通过电子应用技术和软件来改善安全性的一个全新的方法。早在20世纪60年代开发者们就已经在研究一个“会动脑筋的制动系统”了。这个想法的目的在于避免制动系统的抱死，使汽车在制动的同时能够操控转向，让汽车能够躲避开墙面，而不是披着厚厚的装甲直接撞上去。防抱死系统（ABS）诞生了，并很快成为大众化的配置。这期间车身电子稳定程序系统（ESP）让ABS如虎添翼，在不到十年的时间内成为德国新车的标准配置。ESP并不止是一种辅助系统。ESP传感器以几分之一秒的间隔向一个计算机传输信号，由计算机对车辆的操控和反应进行持续监控。一旦出现偏离，如汽车在打滑的路面面临侧滑的危险，系统会疾如闪电般地进行干涉，制动住各个车轮并使汽车保持正常行驶路线。驾驶人无法对这样的反应产生影响或阻止反应的发生（当然除非关闭该系统）。ESP的决定权胜过了驾驶人，当然是为了更好的目的。从字面的原本意义上来讲，这里车辆的主人在某种情况下是ESP计算机，而不再是驾驶人。这样细抠字眼并不仅仅是为了玩文字游戏。根据1968年的所谓《维也纳道路交通公约》的规定，驾驶人仍然是车辆的主人。因此在国际通行的交通法规之外，我们还应当明确，对于一个车辆的驾驶行为的责任在任何时候都应当由驾驶人来承担，驾驶人必须始终对其车辆拥有掌控。全球所有国家，除了几个例外如美国，都签署了《维也纳道路交通公约》。其根本原则是：人高于机器。然而ESP却打破了这个原则。

其结果是开发出来越来越多的驾驶辅助系统用来改正人们的驾驶错误。分析显示，很多汽车驾驶人在危险状况下由于惊吓会不能及时、用力或甚至根本就不踩制动踏板。这就诞生了制动辅助系统。该系统会借助于驾驶人踩在制动踏板上的力度来识别一个制动过程的紧急性，并迅疾开启完全制动模式。很快又有了顺理成章的进一步扩展：紧急制动辅助系统。载重货车不受控制地冲进拥堵的车阵的恐怖事故画面随着紧急制动辅助系统的大面积应用成为过去。该系统如今在德国将近10%的新车上使用。类似的还有疲劳识

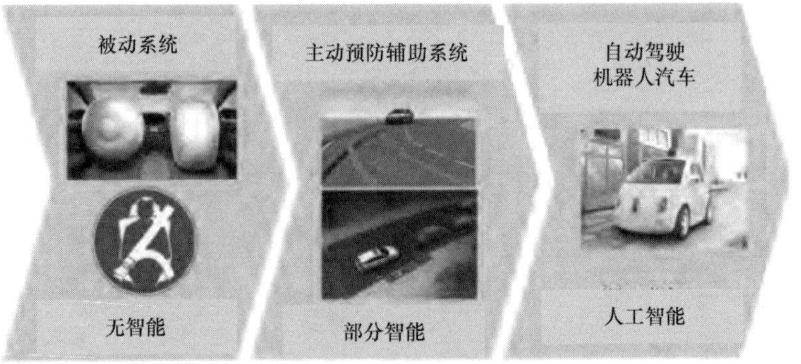

图 12　车辆安全的发展阶段

别系统、车道偏离警示辅助系统、换道辅助系统或鲜有代表性的交通标志识别系统。

通过各种各样的传感器，如倒车摄像头、光传感器、雨传感器以及本身的计算能力，我们的汽车变得越来越“聪明”。但迄今为止的辅助系统几乎无一例外都是封闭的系统，不能通过互联网技术与其他的计算机进行交流。用于提升智能水平的集群智能或网络效应至今几乎尚没有得到利用。然而，在这个阶段已经有迹象显示出，未来也能够接收和处理来自其他交通参与者数据的人工智能系统将会拥有何等的重要性。我们的汽车将一步步地学会自主行驶。

越来越多的先进辅助系统确保着对车辆乘客及其他交通参与者的全面保护。摄像装置和智能算法构成了它们的基础，风窗玻璃后面相对价廉的镜头可以捕捉动态物体，微型望远镜可以获取车辆前方 120 米以内的所有物体，高性能的微处理器或计算芯片在海量图片中搜索交通标志、车道线或障碍物。即使在夜晚，摄像头也能提供可以利用的信息。一旦有其他的交通参与者被识别出来，前照灯的光柱自动进行调整，以关闭炫目的强光。如果出现物理成因的限制，比如由细小的水珠形成的雾气，则可以采用其他的声音传感器或雷达传感器生成可利用的图像。汽车如今在很多状况下对其周围环境的感知已经好于人类。计算机计算得更快，反应更敏捷，在众多的路况下行驶已经超过了普通驾驶人。紧急制动辅助系统在几微秒的时间里就能引发自动紧急制动，这远比人的反应要快。即使是注意力集中的驾驶人也需要长于一秒的时间来识别危险的状况并采取制动。况且汽车驾驶人并非一直注意力高度集中，打电话、赞叹美景、调节空调或导航目标也只是其中几个导致分神的可能性。放入一张 CD 需要大约 5 秒钟的时间，根据安联保险公司的计算，在这段时间里事故风险会上升两倍多。而驾驶辅助系统可以在速度保持不变的情况下无休止地工作。

通过传感器和汽车系统的联络，汽车获得了对其周围环境的更好了解。雷达系统能够很精确地测出在我们前方行驶的车队的速度。利用图像识别传感器，也就是摄像头，几乎任何光线对比下的人的轮廓都可以识别出来。再通过数据融合可以对从不同系统中捕获的物体进行相互调整，使其在几纳米秒的时间内就产生一幅完整图像，这明显要比人脑的成像快得多。这些都为解决最大的安全问题——人的问题指明了道路。

2013 年 8 月，戴姆勒公司向人们展示了传统汽车制造商如今距离自动驾驶技术到底有多近。当时的研究用车辆奔驰 S 500 Intelligent Drive 全自动驾驶完成了从曼海姆到普福尔茨海姆之间 100 公里的路程。这辆全副武装的奔驰 S 级轿车的驾驶位上虽然坐着一名工程师，但只是作为类似安全监督员的角色。这辆 S 级轿车完全自主地完成了经过城市、乡村道路和高速公路的试驾。在 2013 年 9 月的法兰克福国际车展上戴姆勒董事会主席蔡澈展示了这段令人难忘的试驾视频。当然，这家位于斯图加特的公司在不断开发的过程中并不孤单。

2016 年年初，一辆奥迪 A7 为了电子博览会的开幕，作为广告性质从旧金山开往 900 公里以外的拉斯维加斯。记者们允许坐在方向盘后，在摄像机的陪伴下体验这辆 A7 机器人汽车。在 2014 年 9 月的汉诺威国际商用机动车展览会上戴姆勒推介了其所谓的梅赛德斯 - 奔驰未来货车 2025。该货车能够完全自主地在高速公路上行驶。奔驰想以这一产品的开发显著提高高速公路上的安全，使用更少的燃油并减轻货车驾驶人的负担。在将来，高速公路的驶入和驶出由驾驶人来完成，而高速公路行驶本身则由自动驾驶仪来执行。民航客机上已经用了好几十年的东西，很快就可以用到汽车驾驶上。虽然到目前为止这一切都只是单一环节上的演练，但是单独可以实现的东西也可以产业化。首先从高速公路开始，因为那里像工程师们所说的“纵向动态”比较易于掌控——没有路口，一般也不会有儿童跳出来穿过马路。而在整个公路交通系统中的使用则只是时间的问题。

汽车和零配件产业系统地朝着自动驾驶的方向发展已经有超过 40 个年头。几乎一夜之间发生的急剧变革并不适合这个行业。这对于汽车制造商和供应商的风险太高。尤其是为了摆脱昂贵的召回案，汽车制造商们需要它们的系统保持稳定。也出于这个原因，小步伐战略会更加合理。当然步伐不能过小和缓慢。例如，作为汽车零配件供应企业，谁如果还只停留在硬件，也就是钣金件、车轴件、变速器或发动机部件上面，就会承受巨大的风险，它们的部件会因为缺少网络化和数字化而面临淘汰。也因为如此，德国最大的零配件供应商之一，采埃孚股份公司于 2015 年 5 月以 124 亿美元收购了美国的 TRW 公司。采埃孚公司超过 90% 的销售额是在收购前通过生产和销售变速器或车轴件这样的机械产品而获得的。通过这次收购，传统企业采埃孚想要完成向其机械部件的数字化和电动汽车方向的转变。正如我们今天在汽车产业中所经历的技术变迁，它并不仅仅是一个针对企业研发部门的挑战，同时企业本身也要迅速转型，采埃孚公司的例子就证明了这一点。自收购 TRW 公司后，新的采埃孚股份公司的全球雇员超过 13.8 万人。

一个更多地体现了大众集团前董事会主席费迪南德·皮耶希那种管理原则的旧行业已经瓦解。在一个由软件驱动的世界里，过去专制权威的企业文化已然行不通。硅谷集团企业的规则极少基于僵化的常规，而是根植于员工的自由发挥和发展空间。那里更有着大学的风范，而不是来自高一级职位的发号施令。将西装领带和衬衫袖口的纽扣作为外在地位的象征在那里几乎不存在。在向着自动驾驶进发的同时，也将带来企业文化的转变。

2016 年，在我所工作大学的年度最大的盛会——汽车研究中心论坛，一个有超过 1200 名与会者参加的会议上，戴姆勒集团主席蔡澈没有系领带，穿着牛仔裤、运动鞋和休闲上装登台，那时让不止我一个人感到耳目一新。戴姆勒是想通过一个新的文化，一个对组织结构的新的理解来开启一个全新的时代。这也是蔡澈这次会议装束所要传达的含义，勇敢且具有标志性，与硅谷的高科技集团企业的文化差异正在日益缩小。渐进的变革已不再是一件研发部门的事情，而是需要全新的思维，而这只有通过一个全新的企业文化才能实现。

激进变革：谷歌汽车

传统的汽车制造商们对汽车所进行的一步步深入开发和持续不断的改善，得以让汽车产业在迈入未来时代的道路上能发展得“更加温和”。汽车驾驶人依然掌握方向盘，却拥有越来越多的辅助系统的帮助，只要法律允许，就可以将汽车的驾驶交给计算机。形象地说驾驶人可以将自动驾驶仪打开。驾驶人在这个系统中始终拥有最终的决策权，并能够在紧急状况下拥有高于技术的“决定权”。方向盘得以保留下来，还可以继续培养人们对汽车的一切众所周知的情感因素。

然而，这样却无法达到完全的零事故愿景。我们能够接近，但只要人们手里握着方向盘，凌驾于系统之上，那么就会犯错，即便错得再少。谷歌想凭借其谷想汽车迈出彻底的一步，2009 年该公司开始深度介入无人驾驶技术。正如谷歌常有的那样，是一个叫塞巴斯蒂安·图伦的人提供了外来的帮助，他是一个德国信息技术专家，著名的斯坦福大学人工智能方面的教授。图伦在他到谷歌工作之前很久就对自动驾驶汽车进行实验，并装备了一辆大众途锐，赢得了美国自动驾驶的一项重要比赛。这场称为 DARPA 无人驾驶汽车挑战赛的驾驶比赛由美国国防部技术局资助，于 2004 年、2005 年和 2007 年举办。其目标是让一辆汽车在一片沙漠地带行驶超过 200 公里的距离，只靠一台计算机控制到达终点，与机器人汽车一起最先到达终点的人将获胜。图伦与他的斯坦福大学团队以 7 小时的驾驶时间赢得了 2005 年的比赛。

图伦目前在谷歌从事自动驾驶汽车的工作，但与在传统汽车制造商那里的方式完全不同。谷歌对未来汽车的想象，可以在视频“A First Drive”中可见一斑：汽车完全没有方向盘，没有制动踏板和节气门踏板，完全自动行驶。尽管坐上去，让车开起来，这就是谷歌的想法。带有方向盘的驾驶位，对于高端汽车生产商们来说是如此无限重要的“权力与控制中心”，现在却被取消了。这不亚于一场革命。人与汽车的情感联系可向来是从方向盘这个驾驶人的“权力工具”为出发点的。驾驶人是英雄，是汽车动力系统的主人，是大功率发动机、运动型变速器和动感底盘的统治者。谷歌用它的汽车剥夺了这种“统治象征”，同时也创造了新的可能。因为没有驾驶人，因此不再需要驾驶执照，它需要的只有乘客。就是说，每个人都可以独立自主地乘坐谷歌汽车行驶，包括身体残疾者。这就为视力障碍者或老人开辟了全新的移动前景（见图 13）。

像所有的革命一样，初露真容的轰动之后，是紧随着实施而来的对可靠性的实际检测。首先面临着法律上的疑问和问题。我们需要允许机器人汽车在公共道路交通中自主移动的法律。美国重要的交通安全机构对此已经给予了谷歌一个原则上的积极答复：“如果它是安全的”。在针对机器人汽车是否允许使用公共道路的问题时美国国家公路交通安全管理局这样回答，也就是说如果安全性能够得到证明，那么谷歌汽车现在就允许在美国的道路上行驶。但是在美国之外仍然还有很大的法律问题。其次存在着如因技术故障出现事故由谁来承担责任的问题。谷歌汽车没有能承担责任的驾驶人，那么理论上必须由谷歌公司来承担，这一点至今也仍未有解释。除此之外，还有道

图 13 玩具箱中跑出来的汽车：谷歌汽车

德角度的问题：我们想让机器人在某些状况下陷入无可奈何的境地吗？想让它有可能来决定人的生命吗？从希腊的悲剧传统中人们早就认识到，当任何一个决定都会付出人类生命的代价，要么是自己的，要么是别人的，而别无正确选择时，这种状况所面临的是怎样的一种两难境地。我们今后一定要面对这种境况吗？右边是一个骑车的人，左边是一个行人，前面就是墙——机器人这时该如何决策，而且我们允许将这样一个决策交由一个机器来做吗？最后还要看客户是否真的愿意购买谷歌汽车。跟奔驰、宝马或保时捷相比，这辆小小的汽车以其摩比世界的，即视感看起来更像一个玩具，而不是一个令人肃然起敬的竞争对手。在超微型汽车如 Smart、菲亚特 500、丰田 iQ 或雷诺的电动车 Twizy 的系列里，它看起来确实不一样。

对于我们这个社会，如果不考虑法律、道德和购买决策的问题，还有另外一点也很重要：我们的经济体系该如何对待这样的革命？整个行业将如何改变，这将会对工作岗位有何影响？如果像优步那样的软件和服务公司占据了汽车商业的绝对优势，昂贵的情感要素被廉价的摩比世界的解决方案所取代，那么驾驶执照、驾驶人训练、保险最终根本也不再需要了吗？而我们还愿意将更多的数据交给一家现在就已获得数据的“八爪鱼”企业吗？谷歌的商业模式在于赚取软件使用的点击率，将这些软件通过所有可能的数据融合进行完善，以便获得更高的利润。谷歌提供了很多也许是免费的东西，如搜索引擎的使用。然而我们还是为此向这家数据垄断企业付出了昂贵的代价。企业如果想卖出东西，就无法避开谷歌，并且会让企业支付一大笔费用。巨额的广告收入占谷歌盈利的很大一部分。而这些广告成本最终都由产品的消费者来买单。一个魔鬼般的垄断模式。我们还想让这种模式用谷歌汽车继续经营下去吗？即使不久的将来技术上能实现批量生产，但仍然会遗留下来大量的问题无法回答。

计算机自主驾驶会很快实现吗

谁将在未来的交通中占据主导？一切尚悬而未决。即使小步快跑战略很难对外造成轰动效应，其长期作用仍然不可小觑。大的汽车集团如宝马、戴姆勒和大众并不想将自动驾驶领域奉送给软件集团，而将自己降格为一个单纯的硬件供应商。也因为如此，重要的汽车制造商们开始向机器人汽车技术投资，并向新的业务领域开放。2015 年奥迪、宝马和戴姆勒联合收购 HERE 地图服务业务就表明了这一点。HERE 地图制作高精度数字道路地图。这是除汽车的自动驾驶技术和与其他交通参与者的数据联网之外，实现机器人汽车的另一个基本前提。机器人精确地知道自己现在位于哪里，这可比我们随处可见的导航仪中的数字道路地图要内涵丰富得多。获得的细节信息越多，数字地图就越好，该地图不是静态的，而是动态地工作，并可不断获取诸如堵车或事故一类的交通状况。我们人类会被这些大堆的数据和信息搞得不堪重负，我们被眼前的树木遮住眼睛，看不到森林。而计算机就完全不一样：

树木越多，越能细节丰富地画出森林的图景。因此自动驾驶汽车的地图是基于服务器的支持，也就是需要持续不断地下载、删除和更新。汽车的计算机不断从数据云中直接获取周边区域的信息。借助于数据云导航是自动驾驶汽车的一个重要组成部分。收购 HERE 地图表明，传统的汽车制造商正奋力迈向新的世界，几乎可以说是小步快跑地前进。

正如渐进式变革不容小觑，无方向盘汽车革命的实施问题也不可掉以轻心。仅法律的修改就常常是麻烦至极，并且极其耗费时间。谷歌公司自 2009 年以来就在研发谷歌汽车，但即使七年以后，除了一个可爱的视频外，几乎看不到什么可以摸得着、可量产的产品。机器人汽车在较低的速度下可以很好地掌控，但是在一些乡村公路或高速公路上行驶的速度下会如何，还无法得到证明。这就显然增加了复杂性，因而风险也更高。有可能在 2025 年我们将看到一个平行世界：在城市里，机器人汽车将每一个有需要的人，无须驾驶人自动从甲地送至乙地，而自动行驶在乡村公路和高速公路上的自动驾驶汽车则配有方向盘、制动踏板和一名需要时可以介入的驾驶人。最后但同样重要的是，我们个人移动出行的未来图景还将取决于第三个大的变革浪潮：共享经济。

5. 集群智能：使用汽车而非拥有

汽车制造商们站在了十字路口上。100 多年以来，它们一直生活在一个客户想拥有它们的产品的世界里。人们购买一辆汽车，为了能使用上好几年的时间，然后大多卖掉，为了买得起一辆更好、更新、更大的汽车。然而这种使用在现实中又是什么样的呢？大部分的汽车每天真正动起来可能就 30 分钟，其余时间停在别人或自己的停车位上。对于车主来说，除了油费支出还要加上税费、保险、维护和其他成本。这是我们要承担的一项代价相当昂贵的娱乐，只是为了无论何时都能舒适地从甲地到达乙地。

自从智能手机发明以来，我们就能够将汽车的使用效率大大提高，并且尽管如此，还能以明显更低的成本实现同等的舒适度。我们来到了一个共享经济的时代，它尤其在城市地区迫使汽车制造商进入了一个全新的商业模式。通过共享经济的模式，汽车对我们社会的价值得到提升，因为比起以前，现在对一辆汽车的成本密集型投资可以使更多的人受益。至今为止的汽车主要面向一个使用者或驾驶人。汽车的集群则让今天的汽车使用更加智能。这些变革的推动力，就像自动驾驶汽车和零排放汽车一样，都来自于美国加州。

就好像“黄金之州”的历史重演。这个州因 19 世纪中期的加利福尼亚淘金热而获得这个称号。当时成千上万的人带着铲子和脸盆奔向加州，为的是能找到大金块而一夜暴富。而如今吸引投资者们大举西进的不再是寻找黄金，而是寻找以数字化智能为基础，能带来高收益的商业模式，这种模式能够实现床位或汽车更好的使用率，达到更高的产出率。新的共享经济的发源地之一就是创建了 Airbnb、优步和后来的 Lyft 等企业的旧金山。

Airbnb 是一个预定和出租住宿的互联网市场。2008 年创建于加州硅谷，目前已经成为全球市场的引领者。根据公司自己的数据，Airbnb 的业务已遍及 190 个国家的 3.4 万座城市，至今已提供了超过 6000 万晚的住宿中介服务。根据《华尔街日报》（*Wall Street Journals*）的报道，2015 年中期，该公司的市场估值已达 250 亿美元。这大概相当于阿迪达斯的市值！Airbnb 的商业模式最开始以廉价出租私人住宅中没有得到利用的房间为目标。当然人们之前就已经能够通过类似于度假屋中介的报纸广告将房屋出租给需要食宿的客人了，但从 Airbnb 这里才真正开始专业化运营。像 Airbnb 这样的商业模式如果没有互联网技术就无法实现，多亏了互联网，才能使房间的供应和预订在全世界范围内快速、可靠，并以成功率为依据和极低的成本得以实现。每个人在 Airbnb 注册之后都可以在网上提供客房。一旦房间被预订，Airbnb 会负责办理客人与房主之间的结算，并从房主处收取 3%，从客人处收取房间价格 6% ~12% 的服务费。Airbnb 的网上广告只有当成功发生预定之后才收取费用，并且是基于一种以交易成功为依据的佣金模式。Airbnb 当然也有可批评之处，比如私人住宅提供者并非经常将其收入上税或受到来自传统租房客的排斥，因为住宅变为 Airbnb 商业模式后，一部分已经偏离了它的原本用途。例如在柏林，人们租来“普通”的廉租房，为了将其改为仅用作利润优厚的 Airbnb 的食宿公寓房转租给游客。因此传统的酒店和民宿行业也很少说 Airbnb 的好话。

共享经济：使用是新的拥有

Airbnb 是共享经济模式的一个通俗易懂的例子。其核心内涵是对产品如汽车、自行车或住房的一种协力和共同消费。在传统经济中，占有一件私人物品，一般会排斥与他人对物品的共同使用，而共享经济通过“用分享代替占有”的原则弥补了这一排斥。当更多的人能够一起使用一个私人产品时，产品就会比只由一个人消费享受更具有全社会的价值。这个原则不一定是全新的，但过去它更多地仅限于邻里之间的互助，而没有得到专业化发展。四个方面的发展实现了从邻里互助到现代共享经济的过渡。

首先是现代信息技术和智能手机的发展。它们是技术驱动力，多亏它们，最初的企业如 Airbnb、优步或 Lyft 才能根本发展成为大的共享经济的企业。互联网迅捷且几乎免费的数据通信技术让人们能够以明显更少的限制，明显更低的成本对产品的共同消费和使用过程进行配置，并在此基础上构建涵盖世界范围的商业模式。随着智能手机和固定费率的广泛提供，移动互联网的使用变得简单并且几乎免费。

共享经济的第二个推动力来源于我们社会中的意识转变。新的社会价值观被推向人们关注的中心；旧的拥有模式“我的房子”“我的汽车”“我的地位标志”作为这种价值转变的结果越来越受到质疑。购买一个产品的显著动机不再是占有及由此而获得的地位，而是使用中的愉悦与乐趣。我们越来越注重生活和体验当下，如果人们愿意这样，那么享受和负责任的消费就是最重要的关注点。与此同时，一种普遍提升的对环境的社会责任意识也对这种价值观的改变功不可没，可持续性在很多消费过程中成为最重要的核心。我们很久以来就已经从 20 世纪六七十年代的抛弃型社会中走出来。不具备长久可持续发展的产品越来越难以找到客户。可持续、共同使用或分享产品、摈弃占有思维的模式是共享经济逻辑的重要因素。

第三，共享经济的推广很大程度上受益于公众媒体的发展。2004 年由马克·扎克伯格创立的社交网络 Facebook 在 2015 年年初就拥有了超过 16.5 亿的用户。世界上每五个人里就有一个是 Facebook 的用户！社交网络如 Facebook、Instagram、YouTube，即时通信服务商 WhatsApp 或 2006 年创建于旧金山的微博服务商 Twitter 都对我们的社会产生了深远的影响。与他人的交流从来没有过像今天这么简单：人们还从来没有过能联系到这么多的人，能以这样一种覆盖全球的方式与志趣相投的人产生关联。数十亿张照片和视频分享发送到世界各地。我们的语言越来越多地变成图形语言。我们越来越少用词语，而是更经常用自拍和视频来表达事物。Airbnb、优步或同乘服务商 BlaBlaCar 在它们的网页上进行广告宣传，通过它们的服务来结识新的人。“出色的应用和创意，让您结识不一样的人。”数不清的用户表达这样或类似的想法。共享经济也因此承载着社交活动的特点。通过应用软件租一辆汽车并结识一个新的人，是一件很“潮”的事。在共享经济的背后隐含着比巧妙利用产能的纯粹成本效应多得多的东西。

第四，使用共享产品比如汽车的人，也会得益于某种便利。例如他不必操心汽车的保养，总是有一辆新车，不必租赁高价的停车位，用他的智能手机随时可以几乎无间隔地联系各种各样的交通工具，如出租自行车、出租汽车、公共汽车或火车。共享产品通过移动互联网完全融入使用价值链和客户价值链当中。分享产品并且不受限制地满足个性化的使用，已经变得非常简单便利。共享产品在社会政治上的积极形象与它本身的便利、成本与时间优势同样具有吸引力。

投资者们看起来正狂热于投资共享经济的初创企业。乘车中介服务商优步在 2015 年 7 月几乎一夜之间就从投资者那里募集了十亿美元资金。2016 年 6 月沙特阿拉伯以其重磅国家基金“沙特阿拉伯公共投资基金”用 35 亿美元收购优步的股份。而几天前汽车制造商丰田则以未透露的数额入股。根据彭博通讯社报告，2015 年 12 月，这家初创企业的估值为 625 亿美元。比较一下：拥有12.2万名员工，全球销售额920亿欧元的宝马集团在同样的时间市值为550亿美元。早在2013年，谷歌公司专门以风险资金入股新企业的风投子公司就已向优步投资了2.58亿美元。对大型共享经济企业未来盈利的坚信不疑似乎没有止境。这看起来就像投资者们非常害怕在新经济赛跑结束后懊悔，一不小心就错过了一次投资入股的热潮。对此也有针对共享经济概念和领先提供商的批评声。例如Airbnb不得不面对指责，由于它的服务，使得大城市中为居民提供的（便宜）住房减少。优步的商业模式在法律上完全没有稳固的保障，同乘服务产品UberPop在德国和其他国家遭到法庭的封杀就表明了这一点。这款出租车应用软件受到指责，通过私家车驾驶人提供的廉价的乘车服务抢走公共交通工具的客户，并造成大城市中的交通流量暴增和拥堵。虽然优步的签约产品UberX躲过了封杀，但也因此至今未能取得市场的突破。而关于高佣金，驾驶人微薄的利润以及对出租车行业具有攻击性的排挤竞争等话题的讨论也同样持续不断。尽管如此，优步仍然是一个具有代表性的案例，揭示了一场根本性的革新如何在一夜之间颠覆百年的传统行业，而法律的保护壁垒和法庭封杀对其产生的影响则极其有限。

在以上所有的批评点中，共享经济商业模式都向我们说明了一点，那就是我们通过互联网和智能手机技术能够以明显更低的成本使用物品。“新商业”对传统的商业模式产生了迫切的压力，这也将汽车制造商置于严峻的考验之下。如果未来客户大量流向汽车共享服务如优步、car2go或Lyft，那么汽车生产商自动就会降格成为一种优质供应商。如果汽车的利用率提高的话，人们对此的需要就会变少。这样汽车数量就会下降，新车销售员和销售店的客户就会减少。而集中采购共享车队的客户一般又不会对一个品牌有着像私人客户那样的情感联系，对它们来讲只有供货和支付条件。如果对于优步集团来说无所谓向它们的共享客户提供宝马还是奥迪，那么尤其对高端制造商来说就意味着，它们的品牌变得更同质化，并因此降低了价值。汽车产品的传统“价值”、情感与地位，将会受到损害。所有这一切都会对新车的标价和汽车制造商的利润产生显著的后果。汽车生产商们急需应对共享经济的挑战给出一个令人满意的回答。

相比大众化品牌如福特、欧宝、丰田或大众，或许高端品牌制造商要更难于回答这个问题。大众化品牌更侧重于理性的销售依据如性能、实用性、灵活性或安全为目标，而高端汽车则在传统上以其附加的品牌形象来定位：提供力量与性能的激情澎湃的发动机，充满驾驶乐趣的动感底盘，高雅奢华的设计，彰显拥有者的身份。

在自动驾驶汽车这里，高端品牌的汽车设计师则已开始在智能化、网络化的内部空间和宽阔的触屏表面上下功夫，为的是创造出高端感及对高品质的新的联想和情感联系。网联化和虚拟化是营销的主打标语。而在高端品牌的共享汽车上，至今尚难以找到这种新的情感高潮点。就像传统的租车业务模式一样，新的汽车共享方案中客户所关注的焦点仍然是价格、可使用性和布局良好的站点网络。对这一点估计也不会有太多的改变：毕竟谁又会为了开某个特定的车型而去用共享汽车的服务呢？

高端品牌如果还想在共享经济中依靠高端取得成功，必须考虑新的购买动机。例如宝马公司目前计划的“ReachNow”方案所提供的宝马租车接送服务，或者为豪华酒店客人提供的名贵轿车，这些创意都是一个不错的开始，但仍远远不够。而像奥迪眼下尝试的每月 1500 欧元固定费用的所谓高端汽车共享服务能否作为一个商业模式成功地实施，仍无法回答。像优步的商业模式那样具有决定性成功前景的概念在高端市场至今尚属凤毛麟角。面临这样的挑战的不只是汽车行业，一个好的建议就是，看一看其他行业，如一般服务业或航空业，根据它们的启发去寻找新的品牌概念和更富有表现力的品牌定位。

当前共享经济发挥作用最大的地方就是中国。与此同时，中国也占据着汽车业务的统治地位。自 2013 年起，中国就是世界上最大的汽车市场。中国领先于世界其他国家的地位逐年增长。2015 年中国售出新车达 2000 万辆，比美国多销售 260 万辆汽车。2020 年预计新车销量可接近 2500 万辆，领先第二大市场美国的数量估计会增加到 600 万辆。这将是德国每年新车销量的两倍。谁不在中国发展，谁就会失去汽车业务的商机。与此同时，中国人又出奇地痴迷网络。超过 6.25 亿的中国人拥有一部智能手机，这相当于当前全世界所有智能手机用户的差不多 30%。全世界最大的互联网交易集团，1999 年创办的中国企业阿里巴巴，2016 年 4 月的互联网活跃用户数量达 4.23 亿人。在其最重要的促销日，11 月 11 日的所谓全球购物节，阿里巴巴 2015 年售出了 143 亿美元的货品。这差不多相当于德国的建材和家用维修市场集团 Hornbach 全年销售额的四倍。这些销售额的将近 70% 是通过移动互联网，也就是用手机购买来完成的。引爆共享经济的技术前提在中国早已具备。同时那里进行的城市化发展目前也是全球最快的。2014 年中国就已有 274 座人口超过百万的城市。大约 100 座中国的城市人口超过了 500 万——德国最大的城市柏林也不过 350 万人口。中国每九座大城市里就有一座城市甚至人口超过 1000 万。中国的巨型城市由于其人口密度为共享经济的蓬勃发展埋下了伏笔。

在人口 3200 万，国际大都市中国重庆，出行并不容易。这座超级城市还在飞速扩展，2015 年以 11% 的增长率位居中国第一。在经常性超载的公共汽车和城市轻轨中拥挤不堪，在车满为患、拥堵严重的道路上开车只能以停停走走的速度前进，停车位贵且难找。正规的出租车无法满足需求，如果预订得到的话，通常也会迟到。在这样一个环境下，共享经济企业如优步或其中国同行滴滴出行蓬勃发展起来。人们可以通过应用软件免费预订乘车服务，有车来接并舒适地送至家门口。车辆乘坐起来比正规出租车更舒适，比拥挤的公交车和轨道车更便利。而且价格更低。私家车主乐于提供同乘服务或通过一个平台提供驾驶服务。汽车一般为新车且干净、价格低廉，乘坐结束后也不会发生令人恼火的意外事件。从 2015 年 4 月戴姆勒的子公司

car2go 也开始在重庆开展业务，这家汽车共享企业以其无站点租车系统在这个超级城市的 60 平方公里范围投入了约 400 辆 Smart 汽车并计划至 2016 年秋天扩展至 600 辆。重庆是这家斯图加特企业在亚洲的第一个基地。同时 car2go 也是第一家在中国经营无站点汽车共享的国际性企业。共享经济在全球最大的汽车市场上繁荣，没有再比这样更好的前提条件了。

在德国自然又是另一番景象。共享经济为了发展其完整的网络和集群效应需要在特定的面积中达到一定的用户密度。德国连大鲁尔区都无法满足这一前提，虽然有超过 500 万人口生活在那里，紧邻的大城市如波鸿、多特蒙德或埃森未计算在内。尽管如此，鲁尔区对于不受站点约束的汽车共享服务商 car2go 和 DriveNow 来说人口还是过于稀少。“每平方公里人口”的数字与购买力相结合在这里起到了决定性的作用。共享经济尤其在大都市里获得增长的同时，它在农村地区的发展几乎可以忽略不计。

从这一角度来看，对于个人移动出行和汽车的未来来说就呈现出两元化社会的倾向。一方面是城市地区，在这里共享产品和共享方式的新形式和多样化，快速创造了汽车新的拥有和使用模式；而另一方面，在乡村地区，由于共享产品供给的匮乏，当前汽车作为拥有物品的模式可能还将在很久的时间内保留下去。然而这种两元化社会可能会造成汽车制造商的传统品牌形象的逐渐瓦解或至少会有所弱化。城市地区丰富多样的共享产品供应将会对品牌价值的总体感知产生一种负面推动，从而使品牌更加削弱和模糊。如果品牌再不能引发诉求清晰、明确的联想，那么其情感联系也会消失。由此一来，汽车作为地位的象征和财富的证明在乡村地区也会日益失去意义。汽车制造商在共享经济中所面临的一系列问题是多方面且复杂的。

同驾同乘：不同的共享模式

目前共享经济移动出行模式的可选范围极为广泛，看起来似乎我们出行的方式永远处于彻底的变革中。众多的企业，首先是初创企业集中于小众市场。除此之外当然还有根基雄厚、实力强大的大公司。图 14 所示中显示了所有关于汽车共享解决方案的各种各样的形式。一开始城市中的汽车乘用服务主要是私人汽车和出租车的领地。这已成为明日黄花。今天除了出租车和私人汽车外还存在着高度差异化的产品供给。

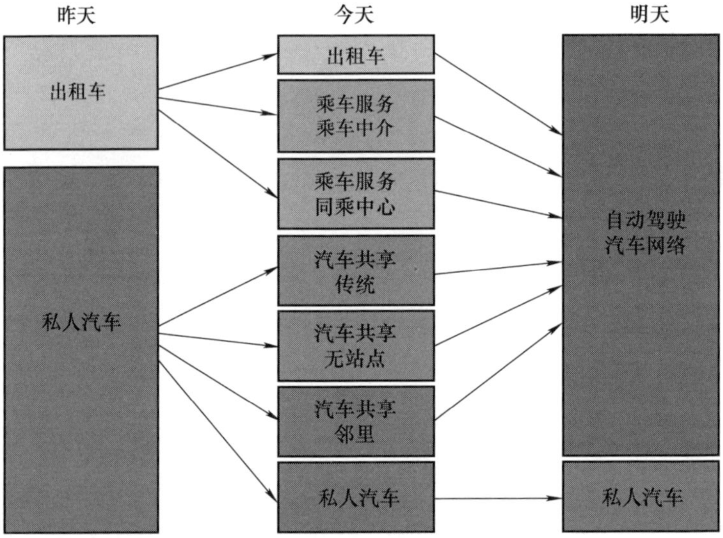

图 14　城市地区的汽车乘用是如何发展的?

这里首先是所谓的乘车服务中介和叫车服务企业，英语称为 Ride-Sharing（拼车服务）、Ride - Hailing（叫车服务）或 Taxi - Hailing。这里的基本理念是要么通过应用软件建立自己的叫车服务和中介服务，或者委托给无许可证的驾驶人提供用车服务。就像 Airbnb 一样，每个拥有新车的人，都可以接受这种乘车服务公司的委托进行运营，乘车是通过智能手机预订的，快速地提供服务和一定程度上比常规出租车明显低廉的价格构成了中介商的竞争优势。低廉的乘车价格一部分基于那种想多挣一份“口粮”的临时驾驶人，或者是行驶某一段路线，欢迎乘客乘用的驾驶人。车费通过信用卡或 PayPal 支付给中介商，中介商为所提供的服务留取一定比例的车费收入，像优步公司最多可高达20%。2016年大众集团以3亿美元入股的拼车服务公司Gett收取的佣金则明显较低为10%。这种商业模式简单得让人心动，如果中介商为它们的驾驶人创造了订单，那么20%的车费收入就是一座小金矿。由于无许可证的临时驾驶人的车费价格明显低于正规的出租车价格，因此该模式首先在法律限制不像德国那么严格的地方实行起来。

鲜有争议的美国乘车服务中介Lyft和Gett的经营方式都类似于优步。Lyft有美国汽车制造商通用汽车的参股。戴姆勒集团自几年前开始通过其应用软件Mytaxi提供纯粹的出租车中介服务，这种发展势头有多迅猛，可以从2016年7月该应用软件与出租车应用软件Hailo的合并中可见一斑。Hailo虽然由维京集团创始人理查德·布兰森爵士参与出资，但它在2014年亏损，也没有成功跨出英国、爱尔兰和西班牙。Mytaxi也几乎只在几个欧洲国家（德国、奥地利、意大利、波兰、葡萄牙、西班牙、瑞典）中运营。这家在Mytaxi名下的新的合并公司现在虽然强化了欧洲的业务，但为了长期在高速增长的市场获得成功，这个新的统一体必须尽快涉足欧洲以外的巨大市场，比如中国或美国。

具有特别意义的是中国的乘车服务中介商滴滴出行，也简称滴滴。滴滴出行由两家打车服务中介滴滴打车和快滴打车合并而来，互联网巨头阿里巴巴和腾讯也入股了该公司。当苹果公司于2016年5月宣布同样以10亿美元入股滴滴时，滴滴一时声名鹊起。根据新闻报道，滴滴的估值为250亿美元。滴滴在中国是基于应用软件的乘用车服务业务的当之无愧的市场龙头，约有1400万人注册驾驶人，业务涵盖400座中国城市，而对手优步则只有100座城市。根据公司自己的报告，全世界有3亿名用户在滴滴注册。仅在2015年就有超过14亿次乘车服务是通过滴滴预订的，这实在是一个庞大的数字。这些数字让人预感到，在人口密集的大城市中基于应用的乘用车服务会有多么巨大的潜力。共享经济并非一种小众模式，而是将长久地影响我们的移动出行。

在乘车中介提供商之外，所谓的同乘中心也属于乘车服务的一种。它更多地是指为较长距离的车程寻找同乘者。法国企业 Comuto SA 在 BlaBla Car 品牌下经营着全世界最大的同乘中介平台。BlaBlaCar 的业务遍及 22 个国家。与乘车服务中介商相反，BlaBlaCar 更注重驾驶人与同乘客人的个人面貌的比较。由于车程较长，因此有必要首先根据好感指标来选择旅途的陪伴者，而并非只是关注同乘价格是否便宜。据公司的数据统计，BlaBlaCar 有超过 400 名员工，2500 万名成员，每年在全世界有 4000 万名使用者。BlaBlaCar 每次行程给自己留取最高达 20% 的车费。与 BlaBlaCar 相类似的还有很多其他的同乘中心。例如，位于达姆施塔特的初创企业 flinc，也都是通过智能手机功能提供同乘服务。

在乘车服务产品之外，汽车共享模式的使用早已有之。汽车共享与汽车租赁的不同之处有两个：一个是在于使用者需要注册；另一个在于一般不收取燃油费用。绝大多数的汽车共享提供商按照每公里驾车费用和借出时间计费。那种可以在很多加油站免费加油时使用的加油卡通常就放置在汽车杂物箱里。共享时人们进行一次性的登记，出示驾驶执照，然后就可以预订任意一辆车，并通过一个授权通行系统，如用一张塑料卡或用智能手机将共享站点的汽车打开并开走。

汽车共享体系随着时间逐渐形成了三个分支类型。一方面是常规同驾模式，如德国铁路集团的 Flinster 汽车共享服务、不来梅企业 Cambio、索林根汽车共享有限公司或 Stadtmobil 汽车共享集团等都经营该类业务。在德国有 150 家汽车共享提供商，市场细化程度非常高。汽车为站点式投放，就是说人们必须在固定站点借车和交车。其中也有极具特色的车队，如只提供电动汽车的鲁尔电动车平台（RUHRAUTOe）。除了固定站点服务外，car2go 和 DriveNow 两家提供商也建立起无站点服务系统，有时也被称作自由流动系统（free - float - system）。车辆可以在划定的市区范围内任意交车。车辆的找寻和租用都通过智能手机来完成。结算按照行车时间以每分钟计。宝马与

Sixt 公司的合资子公司 DriveNow 在德国的柏林、科隆、杜塞尔多夫、汉堡和慕尼黑就提供此类服务。戴姆勒的子公司 car2go 早在 2008 年就发明了无站式汽车共享概念，多亏了这项革新使得传统的汽车共享和出租业务模式明显对客户更加友好。从此人们不必再到固定的站点去，而是当人们不再需要用车时，可以在市区范围内所有的停车区域里直接交车或是需要时取车。Car2go 如今在德国的业务遍及柏林、法兰克福、汉堡、慕尼黑、杜塞尔多夫和科隆等大城市。2016 年 5 月 car2go 在全世界拥有超过 1300 万的注册用户。

无站点汽车共享一个有趣的方案是柏林企业 Citee 的服务。Citee 在居民区内提供新车的共享服务，这些新车可以在使用后任意停放到特定的周边区域内的公用停车位里，而且通常就在家门口。Citee 除柏林之外还在法兰克福和鲁尔区开展业务。Citee 欲以每小时 1 欧元加上每行驶一公里 20 欧分的低廉价格达到其车辆的高利用率并获得盈利。Citee 的投资者是卢森堡金融投资公司，但该试验没有获得成功，Citee 公司于三年后的 2015 年 10 月递交了破产申请。这个例子说明了，即使是在汽车共享业务中，凡事也都要有限度。市场竞争激烈，回报率甚微。如果达不到汽车的基本利用率，提供商就会自动陷入亏损状态。因此汽车制造商在参与到汽车共享体系中时必须计算得非常仔细。

由于供应商结构的高度分散化，使得如今德国的汽车共享市场主要以中型企业为主，供应商之间大部分通过价格来竞争。如果不算上 car2go 和 DriveNow 这两家，市场上并不存在强势品牌。因此传统的汽车共享业务对于汽车制造商来讲更多的是一种风险管理。美国汽车制造商通用汽车于 2016 年年初在美国启动新的汽车共享服务“Maven”。Maven 提供固定站点的汽车共享业务，首先在选出的城市里提供服务。很显然一开始要先尝试一下系统和盈利如何展开。这也有其历史原因：这些制造商们早年就有过在对手如林的汽车租赁行业里的失败经验。通用于 1989 年收购了汽车租赁公司

Avis 29% 的股权比例；福特公司也通过入股汽车租赁公司 Hertz 体验了其汽车租赁业务的冒险之旅；大众汽车集团也曾参股汽车租赁商 Europcar 多年。所有这些入资都早已于多年前解散，因为这些参与活动统统被证明是汽车制造商们的巨亏业务。历史的教训使人谨慎，却说明了诸如汽车租赁和汽车共享这样的新业务对于制造商而言，并非始终与成功相联系。原因一部分在于大型汽车制造商与中型特色的业务之间的不同文化，这种不同会导致问题的出现。此外，汽车制造商过去的失败行为还在于另一个问题，即制造商那里难以销售的新车喜欢并通常被“推给”租赁业务。就如本来的预期那样，这些车作为新车时就不怎么有吸引力，通过推向租赁市场也不会好到哪里。把这些二手的“出租古董”转售时通常已经背负了巨大的亏损。

汽车共享模式的另一个特别之处是主打邻里概念的 P2P 业务。法国的企业 Drivy 是最知名的代表企业之一，就像人们通过 Airbnb 可以将自己的私人住宅出租给客人，人们可以在 Drivy 将个人的汽车提供给他人用作租赁车。与 car2go 或 Flinster 相反，Drivy 不需要有自己的共享车辆，而是仅仅建立了一个私人汽车预订和中介的平台，因此节省了维持汽车存量的大笔费用。Drivy 在德国、英国和西班牙开展业务，根据公司的数据报告，2016 年 5 月在德国有超过 5000 辆私人汽车提供共享服务。Drivy 为此收取 30% 的车费收入，其中包含了一份安联保险公司的汽车车险。车辆出租价格可由每个人自己定价，Drivy 提供建议价格。类似 Drivy 模式的还有欧宝公司在 CarUnity 品牌下提供的 P2P 租车服务。宝马也计划在中期范围内将宝马 i3 和迷你车型的用户车辆按照邻里概念融入宝马汽车共享计划中去。

汽车共享的未来：自动驾驶出租车

近几年来，大城市中的汽车使用模式不断花样翻新，愈演愈烈。与此同时，在像鲁尔区那样的大城市群里，却建起了密集的自行车租借网络

Metropolradruhr。凭借着200个租借站点超过1800辆自行车，鲁尔区的十个城市拥有了全德国最大的单车租赁系统。在巴黎，自行车租赁系统Vélib自2007年就已投入市场，目前在巴黎及其周边有1256个站点共2万辆自行车。在未来的大城市中，驾驶汽车将会在由不同交通承运人所结成的一个多面化的网络里更加紧密地与其他交通工具系统和公共交通工具融合到一起。所有的汽车共享提供商直接将汽车租用系统与公共短途客运系统进行联网，以便可以通过一个调度点或应用软件预订、使用并支付所有的出行方式。这样我们就具备了向城市空间共享经济过渡的重要前提条件。随着共享经济的来临，我们将进入到一个个人移动出行的全新世界，更加方便，更加安全，更加清洁，也更加可靠和更加便宜。

如果未来不仅在柏林和慕尼黑，在巴黎、伦敦或北京也都能通过一个地址或一个系统来使用出行服务，那么这种网联系统的国际化特征就是另外一个吸引人的地方。也正因如此，美国和中国的大型互联网集团对汽车才会有如此大的兴趣。但这并不意味着苹果、百度或是谷歌要建新的汽车工厂，跟它们的自身业务相比，汽车业务的盈利能力差得太多。

Alphabet这个鲜为人知的控股集团，集合了谷歌所有的业务领域，在2015年营业年度销售额达到了750亿美元，并从运营业务中获得了194亿美元的利润，这相当于25.8%的销售利润率。而在量产汽车市场上的汽车制造商们如丰田、大众或通用的毛利率常年平均徘徊在5%左右，而利润较高的高端品牌制造商也不过9%。这样的利润率对于谷歌和其他互联网巨头来说实在太低。谷歌想用它的搜索引擎通过广告盈利的模式，在未来出行业务上也依靠点击率赚钱。它的目标是开发出一种全世界范围的出行应用软件，类似于互联网支付系统PayPal将所有交易汇集到一起，并依靠巨大的佣金收入独占鳌头。这是一个新的国际垄断商业的未来目标，这里的关键就是共享经济。也正是出于这个原因，目前十分重要的就是，汽车制造商们不要拘泥于汽车制造，只要还有一线可能，就要对适合的共享经济移动出行系统进行投资。

留给我们的时间可能比我们认为的更加紧迫。我认为大约在2020年左右就会有示范性项目在北京或上海出现，那时电力驱动的自动驾驶出租车将沿着预定的线路投入运营。自动驾驶汽车在速度较低时相对容易掌控。中国大城市里那些大的交通主干线是最佳的试验线路，因为那里不会出现如行人或骑车人那样的对自动驾驶汽车构成挑战的因素。在美国的一些城市里也会马上在预定的街道上开始这类自动驾驶出租车的试点项目。事实上三个行业巨头优步、滴滴和Lyft都已经在从事此类系统的开发工作。

2016年5月底优步在匹兹堡推介了在一辆福特Fusion基础上改装的第一辆自己的自动驾驶车型。该企业想尽快建立起一支试验车队来进行服务测试，出租车乘客可以使用应用软件预订一辆普通出租车或预订一辆优步机器人出租车。通用和Lyft宣布了在雪佛兰Bolt电动汽车的基础上开发一款自动驾驶汽车。通用的子公司计划于2017年年初建立一支自动驾驶车队并投入实验性运营。为了在自动驾驶领域尽快取得进展，通用在2015年就斥资10亿美元收购了位于旧金山专注于自动驾驶的专业软件企业Cruise自动化公司。中国的百度早就与宝马共同试验和开发自动驾驶汽车。宝马计划五年后将一款完全实行自动驾驶的汽车投放市场。2016年7月宝马集团总裁哈拉尔德·克鲁格在慕尼黑宣布，宝马将与世界最大的芯片生产商英特尔和以色列机器人汽车专业公司Mobileye结为伙伴开发相关技术，以便最晚至2021年开始批量生产。

在预设的路线上行驶的自动驾驶出租车能够将乘车费用大幅降低，因为一般来说车费核算中最大的开支项就是出租车驾驶人的工资。机器人出租车的广泛引入对于优步、滴滴、Lyft将是乘车共享市场的一个关键性突破，将会给它们带来大量的客户和卓越的市场地位。

机器人汽车的竞赛已经开始。在德国我们还无法很快有所期待。刻板的法规，几乎没有自动驾驶技术的专业软件企业，还有将优步和其他服务商拒于德国门外的严格的出租车许可制度。因此第一辆机器人出租车将在中国和美国上路。而它们就类似于当年的 iPhone 手机，带给共享经济更进一步的强有力推动。在我们出行的全新时代，汽车将比任何时候都更重要，即使外观设计已全然不同。

6. 移动出行新时代的社会价值

“世界上从来没有任何一台机器允许对人类做出裁决。”在 2015 年的法兰克福国际汽车展（IAA）期间由戴姆勒公司举办的“法律与伦理下的自动驾驶”专业论坛上，哲学家、前国家文化部长尤里安·尼达-吕梅林以如此简明扼要的一句话所指出的，正是自动驾驶领域在发展中所面临的核心与关键性争议热点，这些争议此前还从未得到过如此全面而一针见血的表述。自动驾驶的内涵远超过单纯的技术问题，它对我们的社会产生着深远的影响。自动驾驶让我们面临一系列的法律和伦理的问题：出现事故时由谁来承担责任？必须适用哪些数据保护和个人隐私保护法规？我们应如何在无法预测的交通状况下采取行为？我们将别无选择，只能对我们社会中重要的法规和原则重新进行审视和深思熟虑。而且趁着我们还有自主创造的空间的时候必须立刻行动起来。一旦技术的发展趋势既成事实，那么讨论就为时已晚。

机器人汽车与伦理道德

IAA 专业论坛上的根本核心问题是：“我们允许将哪些权利交给科技？”这背后隐藏的不过是这样一个问题：“我们是否准备好将我们，会行动和思考的人类，所拥有的自主权和责任感不计后果地去交给一台机器?”对此也不妨借用一下那个著名的两难困境为例：一辆自动驾驶汽车沿着一条街道行驶，此时一个孩子跑向车道。为了不碾压到孩子，机器人不得不避开，然而如果它这样做了，就会压到一名骑自行车的人。在这两种情况下，都会预期发生最严重甚至可能是重伤致死的后果。这种情况无路可寻，只有悲剧：机器人无论做什么，都会导致一个人死亡。机器该如何做决定呢?

这些问题可能有了新的形式背景，但这种两难境地却是亘古不变。此类色彩的问题早在50年前就已经向那些拒服兵役的人提出来过。有人出于道德原因拒绝为军队服役，而想以民事服役替代，那么就必须在一个委员会面前接受良知的测试。其中一个标准的问题就是：您是和平主义者，现在一名敌人想向您的同伴开枪。您有条件开枪打死这个敌人，您怎么做?是冷眼旁观还是杀了他?这个例子表明，有时会有人们无法根据道德尺度来做出决定的状况存在。而今出现了无法给出满意答案的伦理问题，就如同人们也无法破解化圆为方的经典难题。

适用于机器人的问题，自然也适用于人类。机器人汽车所做的事无外乎是将一个人类从甲地送至乙地，因为人类想这么做。唯一的区别就是：现在由机器人代替人类掌握方向盘。人类也同样会陷入走投无路的境地，有意思的是，关于这一点，那位口若悬河的哲学家只字不提。最后的结果可能是，如果我们想彻底摆脱这种两难状况的话，我们最好就不要再开车。这样的想法，谨慎一点说，确实是有点“不食人间烟火”。

事实上我没能忍住，在尤里安·尼达－吕梅林报告后的讨论中向他提出一个问题：他是否有一辆汽车?他看起来有些愕然，但点了点头。之后我还想知道他的车是否配有一个安全气囊?他的回答是“当然”。“亲爱的尼达－吕梅林先生，这样您就亲自认同了一台机器，也就是您的汽车会做出一个可能导致死亡的决定。您实际上容许了一台机器在特定的状况下对您做出死亡裁决。”

安全气囊自 20 世纪 80 年代末就成为我们汽车上的标准配置之一。毫无疑问，安全气囊拯救了成千上万人的生命。然而安全气囊也可以置人于死地，一旦一辆汽车高速翻滚，然后滑向一个坚硬的物体，比如水泥墙，人就会在碰撞中不可避免地发生死亡。在这种状况下安全气囊无法拯救人的性命，至少当安全气囊按预设引爆时是无法救命的。因为那样的话，乘客就会被安全气囊困在车中，并在碰撞中被挤碎。有时也会出现安全气囊未能引爆的情况，乘客在侧滑过程中被抛出车外，反而完全有机会在事故中幸存。安全气囊中一个控制安全气囊引爆的计算机芯片就决定了人的生死。我们将对自己生命的决定权交给了技术，尽管它可能出错。

显然，我们对是否允许机器人决定我们的生命这样一个道德问题，早已亲身给予了肯定的回答。在自动化系统获得成功应用的所有地方，如在航天航空、轨道交通、安全技术或医学领域，我们可能一直面临这种计算机决定一个或多个人生命的两难境地。我们已经不会想到这个问题，我们对此早已习惯。至于我们是否允许通过牺牲一个人而拯救几百人的生命，哲学家们可能会在理论上给予否定的回答。然而在实践中，人性却遵循着另外的原则。

将人命的决定权交给计算机是一件权衡利弊的事物，不能武断地用是或非来解答。如今由信息专家开发出来的号称人工智能的计算机和软件在某些情况下会战胜人类的事实，早在 1997 年 5 月就由一台安装了 IBM 软件深蓝的计算机战胜了当时的国际象棋世界冠军加里·卡斯帕罗夫得到检证。而对所谓的人工智能程序构成了比国际象棋更大挑战的是拥有 3000 年历史的中国围棋。据科学杂志《自然》的报道，2016 年 1 月，一台计算机首次成功地战胜了欧洲的围棋冠军樊麾。2016 年 3 月，AlphaGo 再次战胜世界头号围棋选手李世石。2016 年初夏的世界围棋排行榜上，谷歌 DeepMind AlphaGo 排名已位居第二。

如今在某些分支科目上机器已经远胜人类。信息学家和人工智能研究专家尤尔根·施米德胡贝正在从事制造与人类同样聪明或比人更智慧的机器，他说："我认为我的研究团队要不了多少年就会创造出一个具有卷尾猴那样的思维能力的系统。"在一次《法兰克福汇报》的采访中，他这样说："在不到十年之内我们将复制出卷尾猴智力水平的思维能力和抽象能力，那么迈向近似人类智能的距离就不再遥远。"这一方面让计算机统治人类的场景更加危言耸听，而另一方面通过机器人的帮助为我们人类带来无穷无尽的益处。

机器人汽车只是这个全新的未来世界所带来的挑战的一个实例。在今后的几十年里，我们将像在机器人汽车一样有许许多多的伦理问题等待回答。比如物理学家史蒂芬·霍金或特斯拉创始人埃隆·马斯克，他们意识到了我们向着这样一个未来迈进的速度是多么的迅猛。但正如所见，显然并没有一个放之四海皆准的公式或是一个真正的准则，能让我们借此找到"正确的道路"。我们将更多地在一个权衡决策的世界中摸索，一方面在道德准则，另一方面在通过人工智能和学习型机器来提高生活品质之间徘徊。这里将始终会有不同人群、国家或利益之间的竞争，希望借助于计算机和机器人的优势赢得权力。我们必须应对这种竞争，如果不参与，则将会满盘皆输，即输掉自主权、发展的机会，并最终失掉自己的一部分自由。

美国前总统奥巴马在任期间容许了超过500次的针对猜想中的恐怖分子发起的无人机死亡攻击。机器人战争早已不再是空想。我们必须去学习如何使用人工智能。单纯地禁止是一个错误的途径，并且起不到任何的作用，因为这里权力的竞争太大，因此我们需要一个权宜之计，尽可能地利用好它。

机器人汽车的法律框架

对于将机器人作为公共道路上的运输工具这一突破性举措来说，那句"是的，如果它是安全的"不啻一场革命。有了这句话，让美国成为世界上第一个允许计算机驾驶汽车的国家。当然安全与否必须得到明确的证实，况且还以通常最坏的情形保障了自己的底线：如果它不安全那可就倒霉了！在美国，瞒天过海，装腔作势做做样子，对企业来说可是代价高昂。美国有着世界上最严格的产品责任法之一。售出有缺陷的产品并造成人员伤害或导致死亡后果的公司，可能被处以巨额的罚款。在美国不仅可以起诉公司赔偿正常损失，而且也可以要求惩罚性赔偿。2006 年，一位吸烟成瘾死于肺癌者的遗孀辛西娅·罗宾森起诉雷诺烟草公司曾引起轩然大波。该企业在案件审理中被佛罗里达州的一家法庭处以创纪录的 236 亿美元的罚金。法庭认为可以证明烟草公司对烟草消费的害处已经知情，却长时间保持沉默。根据法庭的陈词，雷诺公司尽管知道这些风险，却在广告中淡化了吸烟的害处。虽然这些判决通常需要很长的上诉审理，但这个案件显示了故意隐瞒危害，对产品的危险保持沉默在美国会置于何等的重罚之下。另一个例子就是 2016 年年初美国司法部递交的民事起诉，控告大众集团因柴油门欺骗而触犯美国环境法，并且在美国经过比较后，大众集团于 2016 年 6 月接受了高达 147 亿美元的严厉罚金和大众客户的损失赔偿。

美国国家公路交通安全管理局的首肯意味着机器人汽车也从法律角度上有了国际性的突破。更大的可能性是中国也很快会做出同样的决策，因为对于这个巨大的国家来说，技术和经济的发展被别人抛在后面的风险太大。中美两国合在一起占据了全球汽车市场几乎 50% 的份额。

德国的脚步一如既往地要慢一些。虽然 2016 年 4 月美国人的决定出台后，德国交通部长亚历山大·杜布林德在起草一个自动驾驶的法案时已经未雨绸缪地宣布，将以创建法律框架为目标，使计算机作为驾驶人享有与人类同等的地位，但到了此举真的变成一纸成文法令时，估计还会持续好几年。迄今为止，杜布林德部长在这个法律草案上所推动的不过是将此前两年就已由联合国成员国表决修改的《维也纳道路交通公约》中所做的修改并入德国公路交通法中去。自 2014 年 3 月开始《维也纳道路交通公约》规定："凡是驾驶人可操控或可关闭的系统，应由驾驶人来实施所要求的掌控。"这样签约国就创造出一个能够使用高度自动化系统的法律上的空间。然而，目前修改后的公约仍然要求由驾驶人来掌控。比如一个醉酒严重的驾驶人在紧急情况下几乎不具备"掌控"系统的能力；更何况那些按照今天的标准根本无法拥有驾照的人，例如儿童或者由于残疾或高龄无法开车的人。那么在实践中又是怎样的情形，2016 年推出的奔驰 E 级轿车的智能驾驶辅助系统或特斯拉 Model S 中的自动驾驶仪可以向我们展示出来："驾驶人"每隔几秒钟就必须握住方向盘，以显示他仍然是凌驾于汽车之上的主人，否则汽车就会开始"唧唧"报警，如果人仍然不加干预，汽车会自动停下来。这样轻描淡写的改变不仅大大落后于美国的规定，而且也远远不足以在可预见的时间内将谷歌自动驾驶出租车那样的美好愿景变为现实。

在《维也纳道路交通公约》之外，还有一个针对个人汽车系统的规范，也属于联合国框架内的法规，由联合国欧洲经济委员会（United Nations Economic Commission for Europe，UNECE）颁布。加入 UNECE 的有欧盟国家和世界上其余的绝大多数国家。然而美国再次享有特殊地位，因为 UNECE 的法规在美国并不强制适用。UNECE 法规中的一些条款必须为机器人汽车进行修改，尤其是制动装置（ECE－R13）、转向装置（ECE－R79）、灯光信号装置（ECE－R48）的规定。这些修改通常需要在联合国经历漫长的协商过程。针对自动驾驶这种情况，虽然在修改法律的要求上存在着原则上的一致性，但这个修改具体应怎样改，还是一件远远无法决定的事情。美国在机器人汽车法律框架方面的时间上的领先将会随之进一步扩大。美国人用一句"是的，如果它是安全的"就已经付诸实施的事情，在德国和欧洲落实到有效的法律文件至少还需要十年的时间。对于顺利构建机器人汽车的法律基础，布鲁塞尔的欧盟委员会至今为止也帮助有限。

“老大哥”在为你开车吗㊀

全新的移动出行世界和未来的汽车都是建立在数据的基础之上。中高级轿车如奔驰E级或宝马5系拥有超过60个控制器或计算机，对越来越多的功能进行自动控制。例如，发动机和尾气调节系统、制动系统、转向系统、底盘系统、空调装置、导航系统、信息娱乐系统等。所谓的总线系统，如CAN、Flex-Ray或MOST总线系统就像我们的神经束一样将越来越大量的传感器和摄像头的信息，形象地说就是汽车的眼睛和耳朵，传输给不同的“大脑区域”，也就是各种控制器。控制器又将命令传送给执行机构，可以将它们比喻为我们的手或脚，来执行特定的调节任务，诸如发动机的燃油供给量等的调节。在我们现代化的汽车中越来越大的数据量通过总线系统流动。如果这些数据被分析出来的话，我们就能够极为精确地识别出各个驾驶人的面貌。汽车从驾驶风格，从自动座椅位置，从空调档位和电台的选择等就能马上识别出不同的驾驶人。一旦数据被存储下来，汽车就会知道，驾驶人什么时候开车去了哪里，他在那里待了多久，是否是他自己还是由别人驾车返回。汽车只需将这些大量的数据存储起来，并在另外一个控制器或计算机中进行分析。现代汽车对我们的认识比我们对汽车的认识要强得多。我们在某种程度上对我们的汽车来说就如同对我们的智能手机一样是“不堪一击”的。

随着与互联网的连接还增加了另外一点：我们的汽车并不是把它对我们的认识保留给自己。我们的汽车的一大部分信息和数据未来将储存在数据云，也就是所谓的Clouds中。我们和我们的汽车将自行从这些云中调取数据。一辆自动驾驶的汽车必须始终对其周围环境和位置进行识别，为此就需要高精度不断更新的道路地图，地图上除了街道之外，还有采集的前方路段

㊀ 来源于乔治·奥威尔反乌托邦名著《1984》里的一个经典场景：“老大哥在看着你!”——译者注

的拥堵情况或天气条件，如强降雨或光滑的冰面等。机器人汽车借助于这样的电子地图就能熟悉周围环境。除此之外，它还通过它的许多传感器和摄像头获得其他的信息。存入这张电子地图中的数据量是巨大的，并必须不断地更新。因此这样的数字地图被“停泊”在数据云中并分路段发送给汽车。同时自动驾驶汽车还将这方面的信息提供给数据云。我们以某个特定的速度在一个路段行驶或我们前方的道路上有障碍，这些信息都会发给云系统。综合到一起就产生了这样一幅极为精确的“活”地图，在这个过程中，所有在这个路段行驶的汽车都参与了这项工作。

在全新的移动出行世界中，我们不只是对于我们的汽车来说不堪一击，而且对于获得我们数据的其他一切来说都是如此。然而在今天我们就已经是这样了：一旦您使用了先进的导航仪，也包括改装设备如 TomTom，这个仪器会将您的位置数据传送给导航服务商。在那里这些信息会与其他导航仪使用者的数据在一台计算机中汇总，反馈给您街道拥堵的状况。

难道我们如今正如乔治·奥威尔在他的著名小说《1984》中所写的那样，驾驶着机器人汽车义无反顾地向“老大哥”狂奔？[㊀]这种恐惧至少并非完全没有道理。首先的一点就是：如果没有数据交换我们就无法进入全新的移动世界。常在河边走难保不湿鞋，为了让二者达到平衡一致，我们需要一个全新的伦理来对待在物联网中传输的数以亿计的来自于我们设备的数据。我们必须制定数据使用、数据交换和数据保护的明确规则。这里透明原则和隐私原则必须置于首要位置，相当于提出对待我们的数据的全新伦理。我们想要机器人汽车，但是不能不计任何代价。我们不想通过机器人汽车失去我们的自由，在国内外的交通安全管理机构、保险公司、银行、汽车维修厂和汽车经销商那里完全成为透明人。除此之外还有一种担忧，那就是所收集的数据可能会落入犯罪者的手中，过去有足够多的事实表明，这些恐惧不是毫无道理的。因此在向数字化、由数据驱动的移动出行新世界过渡的过程中我

㊀ 指在该小说中一个无时无刻无所不在的“老大哥”监视着所有人的一举一动，甚至包括思想。——译者注

们肩负着两大任务：第一，确保个人数据的安全，以避免我们隐私权被泄露；第二，有效保护不受黑客的攻击。

我们来看第一个问题，个人数据保护。为了确保这种保护，我们的私人数据和信息不允许或只有获得我们明确的同意才能使用。如今拥有智能手机的人，通过应用程序可能会很快陷入在毫不知情的情况下个人数据被传送给第三方的危险。机器人汽车的可信性必须包括一项：不得从事任何“不可靠的副业”。像谷歌那样的互联网公司有着巨大的商业上的兴趣，想尽可能多地获知我们的信息。很多谷歌服务的商业模式都是简单而狡猾的。它赠送一些东西，如搜索服务，同时获得关于搜索者的信息。谁在何时访问了哪些网页多久，谷歌储存并分析我们的隐私行为并将这些信息以大价钱出售。信息的出售是通过在搜索引擎中推广企业的广告来进行的。这个商业模式有多成功，通过谷歌的盈利就能看到。如果谷歌为广告企业创造了 100 欧元的销售额，那么留下的利润明显超过 25 欧元。在像电视台那样的通过广告创收的商业模式中，每个人都可以决定关掉电视或换另外一个频道。而在谷歌那里，由于其垄断地位又不能关闭了之。也正因如此，2010 年 11 月欧盟委员会开启了一个针对谷歌的反垄断程序，让谷歌面临其营业额 10% 的罚款。欧盟委员会的指责称，谷歌在显示搜索结果时，例如在提供价格比较、酒店查询或谷歌地图的服务时优先自己的业务。当我们放心地将方向盘交给一辆机器人汽车时，那么绝不允许汽车变成依靠我们个人信息来获取高额利润的谷歌明星推销员的一项业务。

出于这个原因，我们必须严格遵守数据保护的规定，防止个人相关的数据在拥有者不知情的情况下被存储或出售。“个人相关数据”指的是什么，在《联邦数据保护法》第 3 条定义为“关于一个确定或可以确定的人的个人或事实关系的各项数据”。德国汽车产业将该定义进行如下细化：“一辆汽车上的所有数据，只要它们与汽车识别代码或机动车牌照相关联，都视为个人相关数据。”当人们开发和使用相应的数据传输和加密技术以及分析程序和计算程序时，个人相关数据的保护与汽车数据的交换便不再彼此矛盾。只不过加密本身需要功能强大的计算机，因为运算操作必须以纳米秒来计，并且数据必须实时传输。因此遵守隐私原则在技术上是可以实现的。而在管理结构上，就要像尾气检测那样，需要强有力的部门来完成对遵守数据保护的监督。从大众柴油车尾气排放丑闻的教训中我们知道，这肯定不可能是联邦机动车管理局。

隐私原则的一个已知的灰色地带就是事故的紧急抢救。为了救命，必须避免僵化的原则，做出权衡利弊的决策。事故急救员和急诊医生需要个人数据，汽车经销商协会一直努力推进的一件事暴露出，这里也有需要引起人们警惕的地方。这涉及借助于 E-call 装置的急救电话，这是一个车载系统，当安全气囊引爆时会弹出，并自动拨打急救电话。该协会花费了很大的力气进行密集的政治游说，试图让事故地点和车辆的数据不仅能够转接到急救呼叫中心用于呼叫救护车、警察和消防车，而且还能转拨至附近的汽车经销商处。人们可能无法想象，那样的话，在急救车还没到达事故现场前，拖车服务公司和汽车修理厂将会怎样争先恐后、蜂拥而至来争夺这些赚钱的生意。

另一方面，今后也会有越来越多的正当理由让人们明确同意对个人数据的使用和分析。例如，现在已经有保险公司在提供所谓的基于车联网信息的保费定价机制[1]。开车小心的人，支付的保费就少。保险公司目前为止的一个问题是如何将小心和不小心进行区分。经济学家称之为“逆向选择（Adverse Selection）”。一个好的保险公司能够诱使投保人掉以轻心，从而承担风险，按照他们的说法就是：“反正我有综合险。”但是如果让所有人都缴纳同样的保费而不考虑他们开车的方式的话，那么有风险的驾驶人就会因为频繁的赔付而靠剩下的“小心的”驾车人来补贴。如果事先就能分析出

---

[1] 即将远程信息处理技术得到的汽车驾驶人行为数据融合到汽车保险中，根据不同的驾驶人行为制定不同的汽车保险价格。——译者注

他是一个有风险的驾驶人，就可以要求他支付更高的保费或完全不允许他上保险。从经济学角度来看这是一个正确的原则。这里面与谷歌的区别就是：获得了回报的是汽车驾驶人（便宜一些的保费），而不是谷歌。

公众对数据和数据安全的敏感度在过去几年里明显增加。因此从移动出行行业的角度，在这个主题上体现出最大的透明度和公正性，就显得极其重要。消费者必须明确清楚地了解通常有哪些数据，为什么以及以什么样的频率被传送给汽车制造商。

例如宝马的电动车 i3，根据消费者保护人员的分析，被储存下来的数据就有驾驶时间、行驶速度和公里数、充电时间及多式联运连接点，即人们何时转乘其他的交通工具。这种联运连接点是由使用过的比如在火车站或机场的充电站而得出的。通过所谓的“最后状态报告”系统，汽车在每次行驶结束后自动将数据包传送给汽车制造商。在移动出行的新世界里，最可怕的就是这个世界按照谷歌的模式变成了一个数据八爪鱼的世界。这里面可获取的信息和认知实在太多了，因为不透明而被用到了不该用的地方。汽车产业必须立足本身的利益，用更高的透明度去获得新时代的汽车驾驶人的信任。在新的出行时代不允许有柴油门的存在。也正因如此，我们需要全新的数据伦理，在这个伦理下，每个移动出行提供商都要保证严格遵守隐私和透明原则。同时我们需要一个可以信赖的、值得任用的和注意这一原则的机构。

黑客与互联网犯罪：数据新时代的阴暗面

2015 年 7 月，一个“黑客远程控制高速公路上的吉普车”的视频录像几乎一夜之间令全世界陷入震惊和沉思。到 2016 年年中，这个短片在视频网站 YouTube 上的点击量达到 160 余万次。短片简短地讲了一个故事：一名美国《连线》（*Wired*）杂志的记者安迪·格林伯格乘坐一辆吉普切诺基车行驶在美国密苏里州圣路易斯的 64 号公路上，突然间汽车开始了疯狂的游戏。仪表盘系统的屏幕上出现了奇怪的人物形象，收音机以最大音量播放Rap音乐，空调装置朝格林伯格的脸上吹冰冷的空气。刮水器鬼使神差地动起来，无论格林伯格怎样尝试，方向盘再也没有反应。最后吉普车干脆停在了高速公路中央，发动机熄火了。

当然这名杂志主编在出发前就已经知道了要发生的是什么，但当两名美国黑客查理·米勒和克里斯·瓦拉塞克从家里的客厅用笔记本式计算机如此轻而易举地获得对吉普车的控制权时，还是令他大吃了一惊。对此他们甚至连特殊的装备都不需要：只用简单的、随处可以买到的部件就成功地通过互联网全程入侵吉普切诺基车。对于迄今为止的汽车世界来说这是不可想象的，虽然之前一直总有关于黑客入侵娱乐和舒适系统，比如配备有互联驾驶系统（Connected – Drive – System）的宝马车型的电子车门锁的报告。但对一辆车进行全程“遥控”，操纵发动机、制动系统、转向系统或其他要害功能，这在这两名“白帽黑客”的实验之前难以想象。米勒和瓦拉塞克通过互联网侵入吉普车的信息娱乐系统，这是一种目前几乎在每辆新型汽车中都有的组合工具，连接汽车的收音机、导航系统、CD播放机、车载电话和很多其他娱乐系统的功能，并在一个显示屏上显示所有相关的信息。黑客可以从那里开始通过总线系统闯入几乎所有的控制器中，破解访问授权并向控制器发布“陌生”指令。

米勒和瓦拉塞克用他们的“劫持吉普行动”向全世界展示了在我们的汽车上，人们必须考虑到哪些安全漏洞，以及有哪些与之相关的危险。正是他们的功劳，使汽车研发人员从此之后将排除安全漏洞（Security Bugs：对安全产生影响的软件错误）作为工作的关注点。

在过去汽车制造商们的黄金时代，我们车辆中的控制器还没有与外界进行无线通信，我们的汽车运行在一个封闭的系统中，原理如同一台没有联网的个人计算机。然而由于汽车的网络化，比如借助于信息娱乐系统，我们的汽车多年以来实现了通过互联网与外界通信。这种数据往来的强度呈指数级增长。万一计算机病毒或恶意软件通过云系统数百万次地发送过来，并由于安全漏洞入侵我们的汽车的控制器，那么所造成的损失不可估量。恐怖分子来袭，令一个国家的整个道路交通设施瘫痪，或绑架人质榨取赎金，不排除会有这样的场景出现。新的移动出行世界处于互联网犯罪（Cybercrime）和虚拟间谍的威胁之下。由联邦刑事调查局发布的《互联网犯罪——联邦状况概述 2014》对那些所能想到的互联网危险状况和侵害进行了详细阐述。根据 2014 年德国警方犯罪统计（PKS），此类的登记损失高达 4000 万欧元。然而计算这个数据所依据的对互联网犯罪的概念所涵盖的内容甚至远远不够全面。这里仅仅将单纯针对互联网、数据网络、信息技术系统及其数据的互联网罪行计入警方的统计。例如，网上银行的网络钓鱼或者数字绑架，如使用勒索软件，也就是恶意软件，使整个计算机瘫痪，只有缴纳一定的解密赎金才能使计算机恢复运行这一类现象，在这个 4000 万欧元的损失金额中还根本未考虑进去。这个待计入的数据是一个很高数字，估计最高要占到 90% 的比例。因此互联网犯罪问题要远比我们警方迄今为止所察觉到的要严重和危险得多。

反互联网犯罪在美国早就成了联邦调查局（FBI）的任务。美国中央安全局的官网上这样写着："消灭带有严重潜在损害的远程计算机网络攻击的威胁是 21 世纪的挑战。因此 FBI 是维护国家互联网安全的政治委托人。"在 2014 年一份调查报告中计算机杀毒软件提供商 McAfee 估计每年全世界由于互联网犯罪所造成的损失高达 4000 亿美元。德国防病毒软件先锋 G DATA 软件股份公司，在其 2015 第 4 季度的移动恶意软件报告中，仅仅针对谷歌的安卓智能手机驱动系统就报告了创纪录的 2 333 777 个恶意文件，比 2014 年同期增长了 50%。2015 年的第 4 季度，G DATA 专家每天登记 8240 个新的安卓恶意应用软件，而趋势还在呈指数级增长。G DATA 得出了这样的结论，被黑客攻击的汽车、健身手环或网络说明了无论在家中还是在企业，物联网越来越受欢迎。互联网犯罪以较低的风险和低廉的成本为黑客们带来了高额的利润（见表5）。

表5　操作系统安全漏洞的黑市价格

操作系统	低价/美元	高价/美元
ADOBE READER	5000	30000
谷歌安卓	30 000	60 000
JAWA 浏览器	40 000	100 000
微软 WORDS	50 000	100 000
微软 WINDOWS	60 000	120 000
MOZILLA 火狐浏览器	60 000	150 000
谷歌 CHROME 浏览器	80 000	200 000
苹果 iOS	100 000	250 000

来源：A Greenberg，《福布斯》（*Forbes*），2012 年 3 月

如今围绕着互联网犯罪发展出了真正的商业模式，其主要的作案意图是非法获得钱财。其中一个最为狡诈的就是“互联网犯罪作为一项服务”的模式。在现实中存在着一种黑市，人们在那里几乎可以买到所有在计算机上实施犯罪攻击的东西。记者安迪·格林伯格，也是那位制作吉普黑客视频的人，在美国杂志《福布斯》（2012）的一篇文章中对此进行了阐述：如果一个聪明的黑客比如发现了 iPhone 手机操作系统 iOS 的一个安全漏洞或程序错误，他就可以向苹果公司报告，可以为他的发现获取口碑和荣誉，并有可能赢得价钱可观的咨询订单。人们也可以将他的发现报告给 Zero Day Initiative 这样的机构，这家美国网络安全公司会借助于此类信息对自己的过滤程序进行完善和进一步开发，并报告给相关系统的生产商。黑客们为这类信息可获得最多 1 万美元的报酬。但如果有人凑巧认识以假名“The Grugq”在曼谷生活的网络安全研究员这一类的人物，就可以把他所知道的东西卖出一个好价钱。在与这些中间商无数次交谈的基础上，格林伯格总结了一张贩卖网络安全漏洞的黑市价格表。在表 5 中可以看到 2012 年的部分价格。根据这张价格表，中间人会为当时尚未发现的，比如苹果 iPhone 手机的 iOS 系统的安全漏洞支付 10 万 ~25 万美元的价格。

如果有谁想参与互联网犯罪，不必自身拥有黑客的天分或进行过信息学的高等学习，而是自己可以很容易地在黑市上买到所需的工具和辅助材料，就像人们以传统方式打劫银行需要搞到枪支或炸药那样。在黑市上甚至可以做到根据预订，为通过网上银行的钓鱼网站进行网银盗取提供量身定做的程序。勒索软件，即敲诈解码赎金的程序，也同样可以根据个性化需求来编写和出售，还有比如导致服务器超负载和崩溃或发送大批量垃圾邮件的所谓的僵尸网络。通过僵尸网络，联网的陌生计算机被病毒或蠕虫攻占滥用，以实施预计的攻击。大多数被攻击的计算机主人甚至根本觉察不到计算机被非法攻击所占用。谁如果想瘫痪某个汽车制造商或部级机构的邮件往来系统，很容易就可以买到有关的核心和技术。

有效防范黑客攻击：七项认知

我们早已进入了“Economy of Crime”，即犯罪经济的时代。获得诺贝尔奖的经济学家加里·贝克尔在20世纪70年代末开始已经就犯罪基于哪些经济学基本原理，以及社会如何应对的问题展开研究。他于1968年发表在著名的《政治经济学杂志》（*Journal of Political Economy*）上的文章《犯罪与惩罚经济分析法》，为今天越来越多的关注于网络犯罪现象的一系列研究工作奠定了基础。人们可以采用严格的法律和惩罚来打击犯罪，并努力根除犯罪，但这却关系到很高的社会成本，如犯罪调查机构或法院的大量工作人员，以及罪犯判决后的社会福利成本和对我们自由的某种限制。在很多情况下预防会起到很大的作用，预防虽然并不是免费的，但累计起来显然好过面对木马、病毒和蠕虫让门大敞四开。我们需要两手准备，即使无法完全消灭网络犯罪，那么至少能让风险保持可控。我们永远达不到一个完全没有网络犯罪的世界，除非我们的整体意识朝着奥威尔的“老大哥”国度发展。在新的移动出行世界里，通过非法行为在万维网中捞钱的可能性迅猛增加。这是威胁着我们社会的一个新的场景。然而从基本原则来看，我们如何对付这些攻击，我们早在“旧世界”时代就已做出决策。就这方面来说贝克尔在 1969 年的文章对于现代网络犯罪仍具有指导意义。

在广告片中，当涉及数字化、网联车和互联网等关键词时，汽车制造商之间你争我夺，不甘人后。然而在网络安全领域它们却比其他行业落后了若干年，这个话题在很长一段时间里都没有获得认真的对待。汽车制造商来自一个机械的世界，直到几年前为止，我们的汽车计算机没有互联网，也没有来自网络的威胁。在旧的汽车世界里，软件升级也几乎聊胜于无，如果有，也是在汽车维修商那里以高价进行升级。这已经让有些驾驶人因为维修账单上这项非正常的成本而百思不得其解。毕竟，世界上没有一台个人计算机或智能手机的软件升级是由计算机经销商或手机店来完成的。我们在汽车软件升级这一点上依然徘徊在互联网以前的世界里。唯一的例外就是特斯拉。特斯拉是第一个将软件升级文件通过互联网发送的汽车制造商。这也许是埃隆·马斯克，那个特斯拉背后的人，本身就来自不同于传统汽车制造商的另一个世界的缘故吧。

2015 年，随着非营利组织“汽车信息共享与分析中心（Auto – ISAC）”的成立，发生了汽车行业面对网络犯罪话题并就网络攻击进行交流的一种首次联合。至 2016 年年中，Auto – ISAC 的汽车制造商成员包括宝马、奔驰、菲亚特 – 克莱斯勒、福特、通用、现代起亚、马自达、三菱、日产、斯巴鲁、丰田和大众。当然该组织本部位于美国，隶属于总会组织 ISACs 国家委员会。ISACs，即各产业为交流网络安全信息而联合起来的组织，自 1998 年起就存在。该组织的理念与设立可追溯到当时的美国总统比尔·克林顿于 1998 年 5 月 22 日的一项指令。1999 年成立的银行和金融产业的 ISAC（FS – ISAC）是第一家这种联合组织。然而，Auto – ISAC 的短暂历史让我们看到了两个不同的方面：第一，在网络犯罪这个话题上，汽车制造商是“晚起步者”。这个思维过程显然是随着米勒和瓦拉塞克的黑客攻击吉普切诺基车才真正步入正轨。然而如果在成立一年以后连一个官方网站都没有，那么汽车制造商们在黑客攻击这件事上真的还不那么着急。第二方面显示出，布鲁塞尔和德国的欧盟委员会离未来还有着多么遥远的距离。欧盟委员会给人的印象是，似乎对未来的话题总是在全世界都成为标准之后才采取措施。一个麻木的欧盟将德国的先进性和创新力带入危险境地。

我与在我的大学里领导“分布式系统”研究的信息教研室的同事托本·魏斯共同拟订了七项认知。如果这些认知最终还能对本地汽车制造商（和政客）的思想和行为方式产生一点渗透和影响，那么他们就还有一线机会大大降低新的移动出行世界的潜在威胁：

认知 1：每一个非平凡软件都有缺陷——绝对的保护并不存在

“别说你们的汽车不会遭受黑客攻击，这很可笑。”吉普黑客克里斯·瓦拉塞克向汽车制造商的地址发出了这样的通告，而他说的当然有理。信息学上的一个定律称：任何非平凡软件都有缺陷。对黑客来说，缺陷就是薄弱环节。这适用于 IT，也同样适用于汽车中的那些软件。一旦陌生人入侵一辆汽车的软件，他可以让计算机执行任意的命令，换句话说就是制造故障。软件开发一个古老的黄金法则称，平均在 1000 行手写的程序代码中会混进去一个程序错误。我们的汽车中的软件有几百万的代码，而且代码数量随着汽车新功能的增加几乎以光速在增长。绝对没有黑客入侵的未来是不可能的。

认知 2：汽车中的软件快速增加——黑客攻击的风险亦是如此

信息娱乐系统、驾驶辅助系统、半自动驾驶汽车、自动驾驶汽车是我们汽车的重要发展方向。在过渡到自动驾驶的过程中，舒适性以及更重要的在道路交通中的安全性也同样提高了。如果放弃这一点就是错误的。然而进入汽车的软件越多，就会有越多黑客攻击的机会。因此汽车制造商必须尽快并全面地建立起安全系统。

认知 3：信息娱乐系统与高安全风险的控制器分离只是“半个”解决之道

当然，人们可以考虑将安全系统和信息娱乐系统严格作为两个分离的系统对待。汽车软件只有需要联网时才会受到攻击，为了能够使用云服务（音乐、导航等），客户通常会提出与互联网连接的要求。一辆联网的汽车像每一个其他能上网的设备一样会获得一个 IP 地址。这就又意味着，每个人都可以向汽车发送 IP 包（数据包）。一旦信息娱乐系统与安全系统在物理上分开，那么对信息娱乐模块的攻击就不可能进入发动机控制系统。然而在过渡到半自动驾驶和自动驾驶的过程中这个方法就不再有用。例如，谷歌的安卓汽车操作系统会访问 GPS 和雷达传感器，以获得更精确的，比如在隧道中的汽车定位。汽车之间会互相通信，以便能预知危险状况并自动引发紧急制动。而车辆中与安全系统相关的计算机也需要外界的信息，换句话说就是需要一个网络，这样根据认知 1 就会受到黑客攻击。因此系统的分离并非长久的解决之道。

认知 4：沙盒技术建立保护空间

在现代的网络浏览器上使用了所谓的沙盒技术来防止黑客攻击。就是说，建立起很多个安全障碍。如果第一个障碍被攻陷，黑客只能访问仅有有限授权的沙盒。他需要再次攻击，以便突破沙盒，扩展其权限。这也是有可能做到的，但显然要费力得多，因此可能性就已经低很多。在这方面，汽车产业必须还要大量地学习当今软件开发技术人员如何专业地工作。

认知 5：每个软件必须提供更新——这对汽车也必须适用

微软和其他软件企业为它们的程序提供不断更新。这些更新的主要原因是获知了新的安全漏洞。只要愿意如此，黑客和软件生产商之间永远在玩猫和老鼠的游戏。一旦修复了一个漏洞，黑客就会寻找下一个新的。最常见的安全缺陷就是最新的软件没有对获取的数据进行严格的检验，而是轻信使用，从而导致软件运行出现错误，编程中就会用到这些错误。多数黑客通常会利用这些安全缺陷来操纵软件。正如微软客户会定期收到传送过来的软件更新，未来的汽车驾驶人也必须能自动获得他的汽车生产商的更新数据，以最大限度地保证时效性和安全性。这些更新当然必须对用户友好，易于操作，并且免费。否则汽车制造商真的很难向它们的客户解释，为什么为了修补制造商的编程缺陷和漏洞，却要由客户来费钱费力地定期开到汽修厂进行更新。

认知 6：对每个软件进行大量测试，建立自己的黑客部门

汽车生产商必须对其软件进行非常精确的测试并在所谓渗透测试的范围内让黑客来进行检验。只有这样才能在软件到达客户之前对这些漏洞进行修补。例如宝马在其配备互联驾驶系统的车型上就忘记了开启加密系统，这就是人们为什么可以通过网络将宝马的车门打开。切诺基的黑客攻击也同样涉及信息娱乐系统中的编程缺陷。而埃隆·马斯克则又一次向我们展示了，在这方面也可以采取非常规的做法。拥有一个巨大的软件系统的特斯拉 Model S 是汽车产业的一个参考基准，对每一个黑客来说也是一个挑战。为使系统尽可能足够强大，马斯克召集了一次黑客竞赛，并雇用了其中最好的黑客在特斯拉工作。因此汽车制造商和零配件供应商也最好需要一个自己的黑客部门。

认知 7：进一步发展加密技术

简单的黑客会基于程序缺陷进行攻击，而“高水平”的黑客则相反不会到处追踪程序错误，而是尝试直接破解加密代码。密码学是数学中一个专门研究数据加密的科目。例如，在第二次世界大战期间，采用这门技术，同盟国一方借助于极为烦琐的数学方法将德军队视为不可破解的恩尼格玛密码机成功地进行了解码。然而这种破解加密代码的事要做到很难，也很少有人做，对大多数的黑客攻击来说，软件程序的缺陷是更值得和更容易的目标（可以回想一下认知 1）。这就让我们又多了一层要在编程工作中投入绝对的谨慎和不断进行自我检测的理由。这一点与其他上述认知以及一直不断精密化的加密技术一道，使得对黑客攻击的防御达到几乎最大可能的安全性。

针对网络犯罪不存在一个绝对的保护手段，但却存在着将黑客攻击风险显著降低的预防手段。在汽车产业这种预防却并不完全具备。很简单，因为人们在过去并没有看到这些问题。迄今为止汽车制造商们对待黑客攻击过于天真，而我们的欧盟立法者更是装聋作哑。从很多角度都可以说明，对汽车的黑客攻击将会成为犯罪分子一项有利可图的行动企图。虽然不能完全排除恐怖袭击和精神错乱者的个人犯罪行为，但更主要的犯罪意图最可能在于非法获取钱财。在美丽的汽车新世界中出现这类犯罪案件的方式数不胜数。

例如，至今为止出现的所谓的勒索病毒（Ransomware）几乎只侵袭个人计算机和笔记本式计算机。一个病毒程序将计算机的所有功能锁死，只有将赎金，如比特币，汇入一个匿名账户之后，才能重新恢复对硬盘的访问。“如果您的汽车半夜被停在了偏僻的街道上，并且通过手机收到了要求您付钱的短信，您将会怎么办？”我的同事托本·魏斯在讨论网络犯罪这个话题时喜欢这样问。“只要要求的金额总数不高，或许您就会付钱。”如果制造商没有最终对网络安全进行明显的投入，欧盟委员会和德国政府这样的政治机构没有针对迅速、灵活地打击汽车网络犯罪采取行之有效的引导，那么这一幕就会遗憾地成为现实。

汽车销售店、维修厂、保险机构——面临被淘汰的旧时代遗物

一个汽车实现零排放和全自动驾驶，以提供共享经济的服务来取代汽车拥有的全新移动出行世界，将会给我们的工业和服务业带来深远的变革，对产业的就业人数及企业的价值都会产生巨大的影响。我们首先来看服务业者。

汽车经销商和汽车维修厂将会在新的移动出行时代销售额显著减少。如果拥有一辆汽车首先在城市区域内渐渐地失去它的意义，也就不需要那么多的汽车销售员。大型汽车服务商、租赁商和汽车共享机构并不在位于附近的汽车销售店里采购它们的车队，而是会集中订购。新车销售体系的高成本使得变革的压力又进一步增加。只有10%的销售成本来支付销售店、销售员、展厅、样车、库存车等相关开支，这根本就无法维持。场地销售越来越多地转向互联网销售。虽然肯定会有一部分从业者从驻店销售转型到网络销售，但转型并不会让所有人都获得一席之地。这在传统零售业很久以前就已经感受到，亚马逊越来越多地取代成本密集型的场地交易模式。结果呢？汽车销售店的数量将大幅降低。

汽车维修领域也与之相类似。电动汽车的保养业务明显比内燃机汽车要少。很多新的任务如软件升级甚至不需要维修厂来做。如此一来，维修厂的业务也会显著下降。销售额的回落就意味着除了利润的缩水，还有投资量的减少，例如对支持现代化电动汽车的技术知识和装备的投入。就是说，能够遵守汽车新世界游戏规则的维修厂会变得越来越少。

现代化的电动机要比当前的内燃机明显成本低廉，易于生产。这样就意味着汽车制造厂也要发生改变，它们必须重新改变配置，发动机制造失去了

重要性并开始收缩。这也同样适用于供应商，它们中有很多是由中型家族企业经营的。那些停留在旧有技术，投入于新领域资金少的企业，就会难以完成转型。银行对这类中型企业的信贷需求将会更加小心谨慎。从所有的预测来看，这些将会改变零配件供应商的竞争结构，在与大型企业的竞争中它们的生存将越来越难。不只是从大众入股乘车服务中介商 Gett 或通用入股 Lyft 中都可以看到，汽车制造商将试图挤入数字化服务的世界。这就意味着，如今的生产制造业也面临着一个极大的变革压力。

然而变革还会更加涉及深广。我们可以设想一下，如果未来有更多的汽车实现自动驾驶，事故损失将会明显减少，在极端情况下可能会接近零。这对保险产业将会意味着什么，我们乐观地假设一下，通过自动驾驶系统长期来看使机动车损失降低了 90%，那么机动车保险公司就面临着严重的缩水。如果自动驾驶汽车的责任状况发生改变，换句话说，如果发生撞车，驾驶人不再承担责任，而是由计算机来承担，那么汽车制造商就成为主要的责任方。沃尔沃公司已经宣布对其自动驾驶汽车的事故承担责任。机动车保险商的传统业务模式将因此而分崩离析。汽车制造商如今已经开始留存其售价的一部分，用于支付可能产生的质保损失或未来召回的费用。对于这种大型企业来说将来完全有可能将这些风险自行消化并进行相应的联合经营，换句话说就是由自己来赚这部分钱。制造商的另一种可能就是通过所谓的再保险机构承保一部分风险，在损失超过一定的数额时就会有再保险公司加入。如今已经出现了一些新的结构形式，令未来的保险业务完全脱离传统的渠道。这对保险企业的价值，还有股价和员工数量会造成什么样的后果，人们尽可以自由发挥想象。

同时运输产业也面临关键的变革。出租车行业还在绝望地试图通过法庭的裁决来战胜对手优步。长久来看这不会成功。由于低廉的乘车价格和订车的便利让这个行业的变革压力与日俱增。正如马车今天已不再作为出租车使用，当然维也纳为了游客的目的是例外，我们很快将看到没有驾驶人的出租车。这也可以适用于邮政这样的服务商。由于电子邮件的出现，书信往来已经大面积下滑。优步、滴滴和亚马逊都已经宣布将用它们的机器人出租车进军快递市场。优步、滴滴、Gett 和 Lyft 的世界已经比我们今天所意识到的要更加临近。德国联邦铁路公司一如既往地希望能够保留未来出行服务商的形象，然而仅仅靠着火车中大面积的无线网络或生态发电作为动力的广告是不够的。只要铁路公司的组织结构依然集权化，决策依然迟缓，那么它将很难在分权化的世界中生存。在这里也有潜在的替代者蓄势待发。例如在鲁尔区，那里每天往返于两地的人将很快可以无须德国铁路到达目的地。更灵活的、非集权化的服务商，如英国国家快运公司和荷兰的 Abellio 公司将取代德国联邦铁路公司。

彻底的变革沿整个汽车行业的价值链延伸发展，从供应商、制造商直至经销商，几乎所有的一切都被颠覆。按照这样的发展趋势，汽车产业看起来将更像硅谷而不是像在日本的汽车制造厂里，所有人每天早上在小组里整齐划一地蹦跳。一个新的工作文化，不会再让人想到汽车厂里有多完美的生产线，而是以团队成员的开放、轻松的待人接物和尊重为特征。人们在团队中工作，而不是在某个部门里“干活”，无论工作岗位的数量还是内容和文化都彻底有所不同。汽车和汽车产业在过去的 130 年里塑造了我们的社会。现在我们从汽车世界步入了移动出行的世界，或者这就像人们用尼尔·阿姆斯特朗那句著名的话所说的：“汽车的一小步，人类的一大步。”

不该是“测试版”的“自动驾驶仪”

虽然特斯拉在很多方面都已成为移动出行新时代的表率，但仍然还有一些亟待改进的地方。每一项新技术必须以不得伤害人的生命作为最高目标，一轮一轮的测试务必确保自动驾驶仪在较长的测试周期内呈现出良好的稳定性。当然，没有百分之百的安全。即使在航空产业也曾发生过大量严重的不幸事件，直至自动驾驶系统达到今天的精度。特斯拉将集群智能的手段用于它具有学习能力的自动驾驶系统：系统从所有特斯拉汽车数据的实时反馈中进行自主学习和自动完善。

这种在软件行业中普遍使用的方式既方便又实用。然而一旦涉及人的生命安全，就必须设定一个界限，不允许将普通汽车驾驶人当作试验小白鼠，尤其当特斯拉明确强调，驾驶汽车的人应自行承担责任，自动驾驶仪绝不是一个能够自动驾驶汽车的系统。

2016 年 5 月一名特斯拉驾驶人撞上一辆货车身亡，这是使用自动驾驶仪后出现的第一起死亡事故。事故在 2016 年 7 月才发布出来，特斯拉向公众通报了事故并告知美国国家公路交通安全管理局将对事件进行调查。根据企业的报告，事故发生在当一辆拖着挂车的白色牵引车在特斯拉 Model S 自动驾驶汽车的前方右角横穿路口时，“在这起事故中，挂车的白色侧壁连同上面的一个雷达标志，与高处悬挂的一个道路标志极为相似，从而导致汽车系统没能触发自动制动功能。”特斯拉的陈述中这样写道。简而言之：自动驾驶仪将挂车与交通指示牌混淆在一起，没有采取制动而向挂车撞去。

特斯拉在开始时所做的声明都非常勉强，缺乏说服力，对事故表示深切遗憾的同时声称，特斯拉汽车至今已开着自动驾驶功能行驶了 1.3 亿英里（约 2.1 亿公里）。而在常规的美国道路交通中，每行驶 9400 万英里就会出现一起死亡事故。

虽然特斯拉一直指出，“自动驾驶仪”驾驶模式不是让它们的车辆成为自动驾驶汽车，而更多的是一种驾驶辅助系统，在使用时驾驶人应始终紧盯交通状况。但是在 YouTube 和其他视频渠道可以看到大量视频，展示了特斯拉驾驶人操作自动驾驶仪并暴露其弱点时那种乐于试验的精神。一名驾驶人甚至在行驶过程中爬到后排座位上拍摄自动行驶的特斯拉 Model S。当然，自动驾驶功能极大地激发了人们对“尝试”的渴望，完全是在挑战危险的状况。这里的自动驾驶仪根本不是一个成熟的系统，而是一个测试版，也就是说，是一个可能还含有缺陷的软件，但却仍然在市场上销售。当然，通过这种方式能够让创新技术更快地投放市场，这可能对于个人计算机或智能手机来说是稳妥的，但我们一般并不会将我们的身家性命交给我们的智能手机。

事件公布后，特斯拉的配件供应商 Mobileye 公司也发表声明，怀疑自动驾驶仪目前根本没有能力识别像那辆牵引车横穿路口的交通状况。如果是这样，那这确实是技术上的一个巨大缺陷，都不应该允许它再作为一个测试版使用。但是，即使这个猜测并不正确，悲惨的事故也是一个恐怖的信号和一个巨大的倒退。它肯定并不意味着自动驾驶汽车的终结，但却离技术先进性越来越远，这才是最糟糕的。特斯拉给行业帮了一个倒忙，它允许一个显然还不那么成熟的系统直接与现实发生联系，并且不计任何后果。戴姆勒或通用那样的汽车制造商就不会做这样的试验，而是让训练有素的测试驾驶人驾驶汽车行驶成千上万公里，以对系统进行改进并适合量产。在涉及将类似的功能投入使用时，或许特斯拉应该可以例外一次，遵循一下传统制造商的作法。

7. 大众集团的时代转折

这家企业几乎属于德国的一部分。“大众汽车——眼见为实”是这家位于沃尔夫斯堡企业沿用至20世纪90年代的广告语。在前董事会主席费迪南德·皮耶希的领导下，大众一跃成为国际企业。让人引以为傲、效益不菲的子公司如奥迪、保时捷、斯柯达等为这个帝国的疆域开疆扩土，增光添彩，同时还投资了商用车领域，收购了品牌MAN和斯堪尼亚。然而，在这个企业所谓的“增长和规模”目标上面，这个多元化的企业却也渐渐失去了清晰的头脑。大众对平台方案进行开发和精细化，目的是能够采用模块化设计原则实现从斯柯达到保时捷使用同一个货架上的同类件，以此在子公司中实施成本优势中的规模优势。这个计划成功了。但其主干业务，大众股份公司（Volkswagen AG），却遭遇了转折的困境，其大众品牌汽车一直以来都遭受高成本低利润的困扰。“真正的”的大众汽车早已不再是大众这个品牌，而是品牌“斯柯达”，其成熟的汽车加上令人喜爱的设计，与大众汽车同样的技术，只不过由于在捷克生产成本非常低廉，因此价格也明显更加合算。这样的质量和技术以一个几乎每个人都能承担的价格，就使捷克渐渐变成了原本的“大众汽车”。然而这也让母公司进一步处于压力之下：如果人们能够在斯柯达品牌下以更优惠的价格买到汽车，那为什么还要购买大众汽车呢？越来越多的一部分潜在客户产生了这样的质疑，而另一部分人立刻投向了高端品牌奥迪。

对于大众汽车来说这个夹心饼干的危险的处境也是集团主干公司僵化的成本结构造成的后果。面对柴油门和被迫削减成本的压力，不禁催生出这样的问题，大众汽车在未来如何重整旗鼓，德国的国民汽车将会变成怎样？

从员工数量上来衡量，大众集团以远高于他人的优势位居汽车行业中最大的企业。在大众集团这个多品牌帝国里，工作着超过 61 万名员工。对比一下：日本汽车制造商丰田以 35 万名的员工，即大众员工的一半有余，生产出比大众更多的汽车，成为世界市场的引领者。在德国，大众集团从员工数量上讲是最大的企业，即使从前属于国有企业的德国邮政也不过以 50 万名员工远远排在其后。在这一点上，大众对于德国来讲是不是“大到不能倒”？

困于乡土的世界级企业

大众的历史与奥地利家族保时捷 - 皮耶希密不可分。从所有权关系来看，大众集团属于一种奥地利家族企业：大众股份公司 50.7% 的股东表决权掌握在位于奥地利萨尔茨堡的费迪南德 · 保时捷家族控股有限公司手中。而这些又分别由下属公司，如汉斯 - 皮特 · 保时捷有限公司、费迪南德 · 亚历山大 · 保时捷有限公司、格哈德 · 保时捷有限公司，保时捷家族参股有限公司或保时捷汽车控股有限公司拥有。最后一家公司由保时捷和皮耶希家族 100% 掌控。这可不是一个很容易就能看明白的家族与公司错综复杂的交织网，它们持有着这个德国最大雇主企业的原始股中的多数。然而，大众集团里“复杂”的不只是家族的千丝万缕，如果分析一下大众集团的权力关系，就更是一地鸡毛。

在股份公司中，权力一般与企业监事会捆绑在一起。监事会代表着“所有人”，也就是股东的利益。监事会有权任命或解除任命董事会。在这一点上德国的监事会成员与其他国家，如美国、英国、法国、意大利或瑞典的监事会成员有很大的不同。根据德国的《共同决定法》，大型股份公司的企业监事会必须是平等参与，就是说由雇主方和雇员方代表共同组成。因此在大众，作为集团根本权力中心的监事会席位有一半“分散”在劳工方代表手中。而劳工方代表在大众集团中几乎与五金行业工会（IG Metall）㊀同等重要。这个工会在企业中拥有巨大的影响力，对于一个大众的员工，克拉斯·塔塔尔在为著名的《时代周刊》所撰写的一篇长篇调查文章中证实：“如果不是五金行业工会的成员……将会举步维艰。”他还总结道：“大众集团的企业文化就是一种五金行业工会的文化：等级森严，以命令和服从为特色，对违抗工会的行为几乎不能容忍……不接受这种文化的人很快会被边缘化。更糟糕的还有：如果谁想在五金行业工会的势力范围以外发展，恐怕就要担忧自己的事业了。”也正因如此，大众企业职工委员会主席贝纳德·奥斯特罗也被称为大众董事会主席的共同经理人，具有极为突出的地位。除此之外，奥斯特罗还是大众监事会中最核心的权力圈子——主席团的成员。共同经理人和管理监督者集于一身是一种不同寻常的架构。即使共决权在所有德国大的集团公司中是客观存在：而像这里权力集于一人在企业中却并不普遍。

另外一个极具大众特色的结合也很有意思。德国下萨克森州州长，当时的社会民主党政治家斯蒂芬·魏尔是大众权力影响巨大的企业监事会的主席团成员。下萨克森州政府持有大众股份公司全部普通股的 20%。下萨克森州的参股就使之具有了非常特别的性质。大众是全德国唯一，也是世界唯一拥有一部自己的联邦级法律——1960 年的《大众汽车法》的企业。根据这

㊀ 德国势力最强大的工会组织。——译者注

部法律，企业受到相当程度的特别保护，如反收购。这部《大众汽车法》的第四条给予了下萨克森州政府所谓的少数否决权。下萨克森州可使用20%的表决权份额阻止如“生产基地的设立或搬迁”。由此大众集团很明显与地方的政治意志紧紧捆绑在了一起。

没有下萨克森州政府的同意大众不得迁走甚至关闭设在该州的经营机构，只有相关的州政府官员才能批准同意。毫无疑问的是，无论州政府由哪种政治色彩的党派组成，这个世界级企业的架构都取决于本地区政客们的裁夺。政客们一般都会将一切行动置于他们再次当选的目标之下。对于大众公司来说这就意味着，这个全球化经营的集团公司受困于一个政治的框缚，阻碍了它对位于该州的自家企业恶劣成本结构的调整。就连企业职工委员会主席贝纳德·奥斯特罗也是由大部分时间都待在沃尔夫斯堡或周围的企业成员选举出来的，因而又强化了这种僵化的结构。作为职工代表的顶层人物，他统治着监事会席位中职工一方的半壁江山，州政客们竭尽一切地避免和奥斯特罗发生冲突。公司结构中一个巨大的联盟就这样阻止了集团必要的成本调整，从而导致了核心大众品牌汽车长达数十年的盈利低下。

在保时捷和大众的收购大战期间，保时捷前董事会主席魏德金曾提到，大众今后将不允许再有“禁忌”。随着这个说法，注定了魏德金的收购大战的黯淡结局：至少从这个时刻起，五金行业协会、州政府和大众企业职工委员会联手借助大众的法律封杀了保时捷对大众的收购。即便欧盟委员会在欧洲法院针对《大众汽车法》提起了诉讼，对大众集团内部的这种联盟也无力应对。有可能这样的情势在短时间内可以保护下萨克森州的就业岗位，或者企业职工委员会主席和州长可能希望借机参与下一轮竞选。但长期下去对于一个世界级企业来说，这种水泼不进的结构隐藏着巨大的危险，令企业在市场竞争中倒退，让整个集团危如累卵。

这完全可以换一种做法。加拿大的意大利裔经理人塞尔吉奥·马尔乔内就是一个例子。马尔乔内在他任职菲亚特以及后来的菲亚特–克莱斯勒的整个任期中针对这类纠纷进行了自我保卫，并因此让菲亚特有机会幸存下来。2004年马尔乔内接任意大利菲亚特股份公司董事长。他面临的任务有点天方夜谭：菲亚特当时深陷债务，在不久之前有10%的股票以一种紧急抛售的方式流向通用汽车。大多数的人认为，马尔乔内将战略方向主要集中在欧洲和南美，这对于菲亚特来说不具有未来的发展潜力。马尔乔内是投资银行家出身，擅长于对问题进行清晰地梳理并做出非同寻常的决策。他据此以“冷静”的头脑来处理汽车这个情感层面的话题。他并不是那种通常被描述为汽车狂魔或天赋过人的工程师似的“汽车一族”，而是唯一知道真正的汽车消费者想要什么的人。当他尝试从通用汽车的破产清算中收购欧宝的企图失败后，2009年他直接从美国政府的清算中收购了美国汽车制造商克莱斯勒。稍后他将两家公司合并为菲亚特－克莱斯勒汽车有限公司。而此后他开始真正大展身手。

公司总部位于都灵，由意大利地位显赫的阿涅利家族持股的菲亚特公司，几乎是意大利的国宝。关闭工厂，遣散员工几乎是不可能的。马尔乔内仍然做到了，并且他做到了没有人敢想的事：他将菲亚特从意大利分离出来。位于都灵的集团总部，意大利人的骄傲，就这样被关闭。菲亚特－克莱斯勒目前的法定驻所位于阿姆斯特丹，运营中心在伦敦。马尔乔内还做了一件事，展示出为了让企业和就业岗位能够应对未来，摆脱遗留已久的结构和枷锁是何其重要。他以企业极为薄弱的资金储备配置大举贷款，以收购美国工会UAW的一家基金会所持有的克莱斯勒的剩余股份。用贷款购买股票是一个大胆之举，就好像六合彩，有人会赢，但也有很多人会输。然而对于马尔乔内来说，没有股权纷争和其他阻碍，为新集团建立起高效的竞争结构非常重要。如果没有马尔乔内和他的“惊人之举”及强硬的决策，菲亚特今天可能只是历史书中被翻过去的一章。投资银行家一般并不是名声甚佳，然而在这个例子中马尔乔内胆识过人的举动成为集团得以幸存的关键。市场和客户并不在意集团的核心位于沃尔夫斯堡还是都灵。在国际市场上，与竞争对手相比，客户是唯一起决定作用的。

并购牌局：大众吞并保时捷

- 2005年9月25日：保时捷公布拥有20%的大众集团普通股。
- 2007年6月26日：成立保时捷汽车控股有限公司，持有大众集团31%的普通股。
- 2008年10月26日：保时捷董事长魏德金宣告，增持大众股份至75%，保时捷拥有大众集团42.6%的普通股外加期货形式的31.5%股份。
- 2009年1月5日：保时捷以50.76%的股份确保了在大众集团的控股地位。
- 2009年5月6日：保时捷放弃收购大众的计划。两家汽车制造商计划合并为一个汽车集团。
- 2009年7月23日：大众集团收购跑车制造商保时捷。保时捷董事长魏德金和财务董事霍格尔·黑特被迫辞职。保时捷有限公司持有52.2%大众普通股。

集团中的禁忌

费迪南德·皮耶希在大众集团任职董事会主席及后来的监事会主席期间通过众多的兼并和收购对打造大众集团今天的格局起到了关键性的作用。主干业务大众股份公司始终是企业的核心。围绕着大众乘用车和大众商用车这两个核心汽车品牌在几十年的时间里又华丽地衍生出一系列子公司，包括奥迪、宾利、布加迪、杜卡迪、兰博基尼、保时捷、西亚特、斯柯达、斯堪尼亚和MAN。除了少数例外，如西班牙品牌西亚特，这些子公司的发展一路成绩耀眼，而与此同时，集团最大的业务领域，大众乘用车品牌却早已经在常年的效益疲弱中挣扎。过去30年的董事会成员们一直在与核心品牌的微薄利润抗争，至今只能咬碎牙齿却束手无策。如果核心业务没有相应的利润，大众又如果有能力为未来转型的艰巨任务筹集到足够的投入资金呢？

通常问题并不在于销售额。这里可以看到，集团汽车销售领域将近一半的收入仍然来自大众乘用车业务。2014 年大众乘用车业务甚至贡献了集团范围汽车总销售额的将近 60%。然而从利润占比来看却大大缩水：大众乘用车部分只贡献了 25% 的份额。换句话说，所赚的钱都来自奥迪、保时捷、斯柯达和中国大众。图 15 显示了不同大众汽车品牌与竞争对手厂商相比每辆销售车辆的利润比例关系。

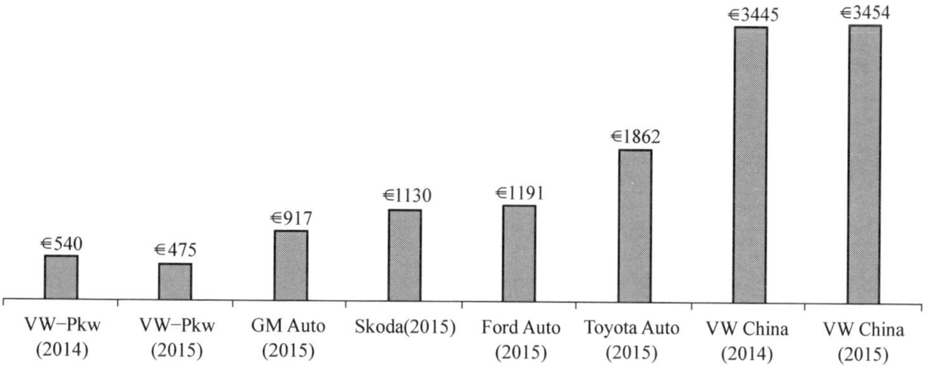

图 15　大众集团和竞争对手每辆车的利润

提示：利润的定义分别为各制造商运营业务的息税前利润（EBIT）。核算基础为商业报告。

在大众集团内部，同时也与其他几个制造商如福特和丰田相比，利润遥遥领先的就是在商业报告中归于“大众汽车集团（中国）”项下的中国业务。中国是大众公司最为巨大的单一市场，在这里集团 2015 年售出超过 350 万辆汽车。每辆在那里售出汽车的运营利润达到 3454 欧元。而德国大众乘用车（VW－Pkw）品牌与之相比每辆车利润只有微薄的 475 欧元。不仅与丰田，就连与通用、斯柯达或福特相比，都显示出集团的核心大众品牌乘用车的效益有多低迷。虽然大众乘用车卖出了比斯柯达五倍还多的汽车，并因此享有明显的规模优势，但斯柯达以每辆车 1130 欧元的利润高过核心大众品牌乘用车的两倍。

如果没有中国这座金矿及其持续飙高的销售数字在年复一年地创造着神话般的盈利，如果没有奥迪和保时捷这样的子公司，大众早就会看起来凋零敝落。然而，在中国的富贵乐土中，汽车市场也变得竞争日益激烈。中国的汽车制造商，如比亚迪、北汽、奇瑞、吉利、长城、东风或上汽可能在我们这里几乎无人知晓，然而它们却大步赶超，尤其在越来越受欢迎的 SUV 汽车业务领域。此外，实力雄厚的制造商如宝马、福特、马自达、奔驰、标致雪铁龙、雷诺日产或丰田在此期间也在扩大中国的生产基地。越来越多的产品投入市场供应，而与此同时中国市场的销售高增长率开始回落。大众的压力日增，宛如神话的盈利开始瓦解。

如图 15 中所示，大众乘用车品牌不仅在与中国业务的回报率对比中惨不忍睹，在与大众集团其他自有品牌的对比中，这个占集团业务最大的部分也是成绩差得出奇。大众汽车销售了几乎六倍于斯柯达的新车，尽管如此，斯柯达每辆售出汽车的平均利润仍然保持在近乎两倍于大众的水平。这个小小的集团子公司在利润上轻而易举地甩开了母公司。而且销售也通常会得益于规模优势，450 万辆汽车相比 80 万辆的销量，广告费用显然更加容易分摊。如果在直接对比大众汽车和斯柯达时将这种规模优势也刨除出去的话，结果就更是灾难性的。

在高端制造商那里，由于售价相对较高利润也会明显较高，这当然也会通过每辆售出汽车的利润显示出来。保时捷 2014 年的利润为傲人的 14 535 欧元，大众汽车的姊妹公司奥迪也获得了 3566 欧元的利润。然而，高端制造商与批量生产商在这一点上由于价格设计上的差异不好进行合理比较，因此在图 15 中并未涉及这些品牌。然而与其他批量车生产商如通用汽车、福特和丰田相比，大众汽车的结果显然不佳。

大众品牌汽车与竞争对手相比常年处于劣势，这并不令人奇怪。而另一个比较显示了这种竞争劣势有多严重。根据我们的计算，2015 年福特、通用、丰田和斯柯达的单纯汽车业务总计平均毛利率为 7.5%。如果大众汽车能够达到同样的毛利率，大众汽车品牌的利润将会增加 50 亿欧元！这个总数刚好相当于前董事会主席文德恩在卸任前几个月所订下的开支削减计划的目标。文德恩多年以来就公开发表争议，提出大众公司有盈利能力的问题；之后在 2014 年的夏天，他迅速在一夜之间公开推出了一个 50 亿欧元的开支削减计划。具有讽刺意义的是，这个削减计划本应由麦肯锡咨询公司来实施。但是，大众集团最有权力的人，企业职工委员会主席贝纳德·奥斯特罗在麦肯锡的第一个咨询师还未开始到岗工作之前，就宣布该计划作废。原因可以猜到：奥斯特罗想阻止成本削减对大众的主干公司开刀。

僧多粥少

大众汽车品牌难以令人满意的利润率可以通过很多数据体现出来。一个重要的比较数字就是劳动生产率。这个参数体现的是平均一个员工可以制造多少辆车，每名员工制造出的车越多，那么生产要素劳动力的效率就越高。图 16 中的比较显示了大众集团公司的弱点所在。

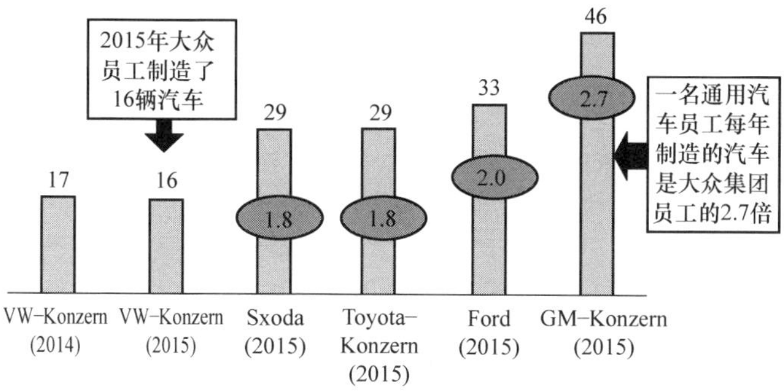

图 16 大众与其他汽车品牌的劳动生产率比较

大众集团以超过 60 万名员工的数量几乎是丰田汽车的两倍，而日本人却生产和销售了更多的汽车。换言之，2015 年大众集团每名员工仅仅生产了16辆汽车；斯柯达和丰田则都是29辆，福特33辆，通用汽车甚至达到了46辆。为了能有一个更通俗易懂的画面，我们在图16中将每名员工所造的车辆数与大众集团进行了参考对比，得出的数字在椭圆中表示出来。据此统计，一名丰田员工造出的车辆数为大众同行的1.8倍，福特员工造出的是大众员工的2.0倍，而通用员工每年造出2.7倍于大众的汽车数量。通用汽车以大约21.5万名的总员工数造出了几乎等同于60万名员工的大众集团所造的汽车数量。这似乎是有什么地方出了错。而丰田和通用或福特都没有一部自己的法律去阻止它们调整成本结构；丰田和通用或福特都没有一个企业职工委员会主席作为联合经理人和监事会成员指手画脚；并且丰田和通用或福特都没有一名州长在企业监事会主席团中任职，为了自己的再次当选而不允许危及大本营中的工作岗位。

大众集团的母公司是大众股份公司，如今的员工数为11.25万人。也就是几乎五分之一的集团员工在大众股份公司工作。而他们中没有一个人在海外工作，大众股份公司雇用员工只在德国本土工作。而就在一箭之遥，距离沃尔夫斯堡大众股份公司还不到90公里的地方，在汉诺威市就坐落着世界最大的汽车零配件企业之一，大陆股份公司（Continental AG）的集团总部。这家通常被简称为Conti的集团企业由19万名员工创造了400亿欧元的销售额。在十多年前Conti表现非常不稳定，利润不良，竞争压力大。今天Conti又重新成为一家异常成功的企业。当大众乘用车每百欧元销售额利润只有3欧元时，这家轮胎生产商的运营业务利润率达到了将近10%。Conti和大众到底有哪些不同呢？

就像全世界任何一家企业那样，大陆集团没有州长在监事会任职，也没有联合经理人担任企业职工委员会主席。这家企业当然也没有“大陆公司法”。Conti时时刻刻都在进行结构调整，关闭在德国盈利不良的工厂，这虽然让人痛心，但长远看却能保障集团的盈利能力和未来的发展。Conti有超过70%的集团员工位于海外，在德国也有近5万名员工。

用辩证一点的说法来讲就是，大众不得不关心政治，而 Conti 则在搞经济。这也体现在人力成本的对比上：大众股份公司每名员工的人力成本是大陆公司的两倍还多。2015 年大众股份公司每名员工每月的人力成本为 7249 欧元，比奥迪公司还要高，虽然奥迪是高端品牌，很多资金投入产品开发，并相应雇用了大量高成本的工程师。斯柯达正好是另一个极端，这里一名员工的成本仅仅是大众股份公司的三分之一（见图 17）。

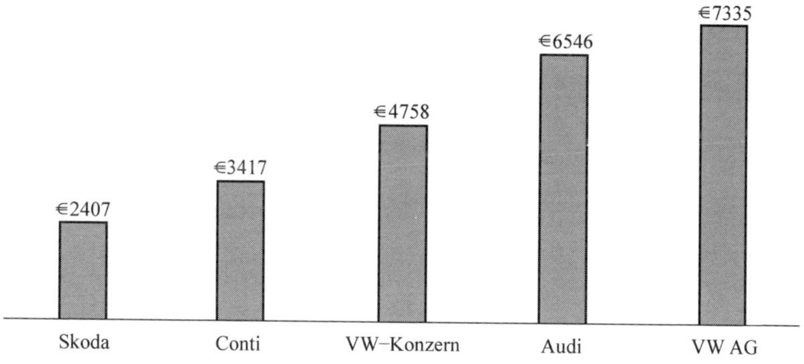

图 17　每名员工/每月人力成本对比

所有这些员工的成本最终都必须由客户，也就是汽车消费者来买单。然而在大众，这样做对客户来说显然也越来越难。仅在德国，大众每年就有超过 30% 的新轿车作为自购注册车进入市场。斯柯达的自购注册车数量明显少得多，因此销售时比大众乘用车的折扣率要低。而从质量要求、技术和设计上来看，斯柯达与大众乘用车不分伯仲，但标价上却有所差别。斯柯达的销售获利稳定，因为客户对汽车和价格赞赏有加。大众汽车的情况有力地表明了，过高的劳动力成本在一个又是僵化的体制结构下，持续长期会对一个企业造成怎样严重的危害。因此，汽车行业和企业必须全力以赴地投资于未来发展。利润并非一种奢求，而是赤裸裸的生存必备手段。

步入歧途

大众汽车股份公司的员工在沃尔夫斯堡、汉诺威、布伦瑞克、卡塞尔、埃姆登、萨尔茨吉特的生产厂不仅生产汽车（高尔夫、途观、途安、帕萨特、T5 和 Amarok 皮卡等车型），同时也生产发动机、变速器、车轴、转向系统以及从事铸造工作。除了大众集团的管理和研发外，大众汽车股份公司也承担着零配件供应的任务。这一切都发生在高工资、高成本的所在地德国，并且比传统汽车零配件供应商的人力成本还要高得多，这样就直接拉高了集团主干业务大众汽车股份公司的成本结构。大众没有像 Conti 那样将工资密集型工作岗位外迁至低成本地区，而是用《大众公司法》、强势的企业职工委员会和州政府的参股“庇护”着毫无优势的成本结构。这在与相邻企业 Conti 的对比中就体现出来了。该企业包含研发部门在德国只保留了 26% 的员工，也就是企业中高生产力和高要求的工作岗位。当过去的 40 多年越来越多的汽车制造商追求机构精简，如将汽车座椅、内饰或变速器的生产外迁时，大众集团却反其道而行之。汽车座椅和内饰都是利润微薄，成本竞争密集型的业务。正因如此，美国的江森自控集团于 2014 年将其一大部分业务卖给了中国的配件供应商延锋集团。而大众集团却背道而驰，于 2001 年成立了 Sitech 有限公司作为大众股份公司的全资子公司。Sitech 公司位于沃尔夫斯堡、埃姆登和汉诺威，共计拥有员工 2400 名，规划为座椅制造和内饰装潢的单纯配套供应企业。前董事会主席费迪南德·皮耶希的考虑是通过内购，也就是将零部件供应业务回收到大众股份公司旗下，以达到利用规模优势的目的，同时以这种成本结构优势战胜竞争对手如奔驰或宝马，因此就有了这个“异想天开”的想法。从工程技术角度也许可以勉强理解，但从经济角度来看就大错特错了。

大致地看一下市场状况就会明白了：2015 年全球销售了包括商用车在

内的总计将近 9000 万辆的汽车，全球市场龙头企业丰田汽车总共占据了 1015 万的销量，即使是这样的规模，也距离占据市场绝对统治地位尚有不小的距离。即便大众能够做到将自己的销售数字提高超过三倍，满足全球汽车 30% 的需求，仍然还有 70% 的汽车是由竞争对手生产的。一个企业想借此控制供应商的结构和价格，这个数字还实在差得太远。然而，大众正是按照这样远离实际的思维在过去和现在进行着决策。皮耶希凭借无数次的重要收购活动和对子公司的成功运营大大提升了大众的价值，然而在错综复杂的政治环境和大众集团特殊的情势下，通过他在任期间的内购政策也筑起了大众乘用车品牌成本竞争能力的最大阻碍。一旦涉及成本结构的调整，今天的大众股份公司看起来就像是《格列佛游记》中的巨人，被无数的小矮人束缚，动弹不得。

大众乘用车业务成本项的进一步恶化是一系列声誉工程的后果，如德累斯顿的玻璃工厂，那里一直在从事大众并不成功的车型辉腾的装配，直至 2016 年 3 月工厂关闭。皮耶希力图用大众辉腾让客户背弃奔驰 S 级轿车的企图最终失败。他不仅在集团的收支平衡表上留下了巨额亏损，同时还留下了玻璃工厂的 500 名员工。辉腾作为一次性的试验产品可以停产，但为德累斯顿的工厂找到一个合理，换句话说就是能产生效益的用途却很难。

2009 年大众股份公司收购了位于奥斯纳布吕克市的破产清算的中型企业卡曼公司。奥斯纳布吕克市是前下萨克森州州长克里斯蒂安・伍尔夫的故乡，他在任期间曾作为州代表坐镇大众监事会。大众的这笔交易对于奥斯纳布吕克市是根救命稻草，但对沃尔夫斯堡的大众集团来说却可能背上了 2300 名员工的沉重包袱。卡曼在破产前主要是作为小众车型的委托制造企业，其中包括奥迪 A4 敞篷车、克莱斯勒 Crossfire 双门跑车和敞篷车、奔驰 CLK 敞篷车、雷诺梅甘娜敞篷车和大众高尔夫敞篷车。委托制造一直以来的最大优点就是在生产回落时不必让大生产商自己的生产线和员工停产，而是由所委托的生产服务商来承担风险。通过收购卡曼，大众现在不得不担负起整个产能的风险，这个做法刚好与魏德金此前很久就已经在保时捷成功实施的战略背道而驰。

也正因如此，大众乘用车的盈利能力一直不佳。大众集团缺少柔性，就是说在需求疲软时存在着迅速滑入亏损的危险。然而在汽车产业，柔性作为一项成功要素要远比单纯的规模效益重要得多，保时捷或另外一个柔性生产专家宝马就是很好的例子。对于行业的翘楚们来说，真正的竞争机会就于在以灵活性来弥补规模上的不足。

与卡曼的模式类似，2010 年大众又在盈利欠佳的布鲁塞尔生产基地铸成大错。这个基地为了生产微型车奥迪 A1 而进行了扩建，尽管西班牙的西亚特工厂完全能提供足够的产能。无论如何，西班牙汽车产业的劳动力成本为每小时 26 欧元，而比利时却为每小时 46 欧元。比利时的劳动力成本在欧洲位居第二，只有德国高于它。其他的汽车生产商都严格控制成本条件；福特和欧宝都在过去几年关闭了它们在比利时亨克和安特卫普的工厂，也并非没有来自员工和民众的高声抗议、抵制和批评，但集团的决定并不为所动。而大众集团看起来却是另一番天地，这都要“感谢”州政府和强大的工会直接施加的影响，短期来看对员工和地方政治可能有益的决策，长期下去就可能会让大众集团这艘巨轮真正陷于倾覆之危。一旦集团核心业务陷入生产率陷阱，子公司的利润再好也爱莫能助。

当然集团的领导层早已知道这个“生产率陷阱”，但皮耶希的应对战略是：不断提高大众汽车的销量，大众车型更加高档。销售的汽车越多，在低成本海外生产基地的汽车产量就会越高，以此来抵消德国本土基地的高成本，因为平均下来生产成本就会下降。此外，车型的档次越高每辆车的利润就会越大，根据这个理论，途锐的利润空间要高于 Polo。大众汽车这个品牌应努力向高端方向发展，而与此同时，将斯柯达有意识地定位于入门品牌，以明显低廉的生产成本满足东欧价格敏感的客户要求。然而在现实中，这个理论暴露了它的问题：斯柯达眼下提供的汽车质量与大众汽车旗鼓相当，外观也同样符合现代，价格却明显更低，这样就出现了自家品牌之间的自相残杀。

大众汽车试图用越来越高的自购注册车辆来应付表面上的销量数字。每年大众汽车注册的新车30%以上是由经销商和汽车制造商注册在自己名下。其结果自然是利润率缩水，并且本身客户群体的价格意识也遭到破坏。大众汽车品牌处于斯柯达和奥迪之间一个十分尴尬的位置上，这个位置长期来看对“大众的汽车”这一卖点过于狭窄。目前尚无法判断在新管理层领导下这个两难境地应如何解决。

等级森严与试错文化

尽管出现这么多令人侧目的薄弱环节、错误和困难，人们当然不得不承认，大众集团以其奥迪、保时捷、斯柯达等品牌以及它在中国20年的业务创造了令人敬佩的市场地位。然而在这个成功的基石下又隐藏着另一个危险：这些成功是一个以森严的等级、热衷细节和检查为特色的管理体系的结果。这个世界最大的汽车集团之一的领导机制反映着费迪南德·皮耶希和马丁·文德恩的个人人格模式。

直至随着尾气丑闻而下台的文德恩为止，大众集团执行的是等级分明、自上而下的管理。现代化的领导理念，如权责下放对皮耶希和文德恩来说十分遥远。在测试和试驾新车型时，董事会主席们要一丝不苟地视察到哪怕最细小的螺钉，一切都要进行检查和评估。这种文化的并发症就是传说中那些汽车展上的巡游。文德恩亲自用卷尺测量竞争对手车型的门窗宽度，一丝不苟地检测间隙尺寸和加工质量。而尾随其后的是像小学生一样的高级经理们，有些还不得不接受老板的问询。YouTube上的视频“2011法兰克福国际汽车展新一代现代i30和马丁·文德恩”在四分半时间里或多或少地给出了这种领导原则的一个活生生的印象。没有反对，一切听指令，执行受到严格的检查。在这种恐惧和震慑的文化里存在着巨大的风险：当无法通过合法方式达到规定的目标时，就会尝试非法的途径。

曾在通用、克莱斯勒任董事会成员，并任福特欧洲总裁的前高级经理鲍勃·鲁茨在一个美国专栏指责费迪南德·皮耶希应当对柴油车丑闻负责，即使他并未亲自指示，批准甚至听说过这件事。鲁茨在一次谈话中回忆起20世纪90年代他和皮耶希之间的一幕，当时他为新高尔夫4的完美间隙尺寸而赞美了这位大众老板。记者维尔弗里德·艾克尔-多纳在德语版《经理人杂志》上引用了鲁茨的描述：皮耶希讲述了他是如何做到的：他将所有的相关负责人叫到一起告诉他们，他对车身部分之间极大的间隙距离受够了。他给员工六周的时间，将间隙尺寸提升至世界级水平，否则就将他们全部换掉。这种威胁起到了作用。鲁茨将这种领导风格称为恐吓统治，虽然这在短时间内会显出成效，但却具有高度的危险性。这种统治并没有随着皮耶希换位到监事会而告终。他的董事会主席宝座的继任者文德恩在任时期通常喜欢在周六召开的“质量会议”就令人生畏，在会上经理们不得不为自己的理由而奋力辩解。

这样一个由威慑、检查和惩罚构成的体系，在有创造性的成功企业如谷歌或苹果中是无法想象的。在这样的环境中不可能发展出未来汽车“新”产业所急需的创新头脑。企业文化和企业状况相辅相成，显而易见，促成了这种权威企业文化的形成的，不仅仅是董事会领导们的个人人格，同时还有大众集团的组织结构。令人惊讶的是作为企业职工委员会主席的贝纳德·奥斯特罗，他不仅在看沃尔夫斯堡足球俱乐部[一]比赛时不离文德恩左右，对企业文化中的弱点也一无所知。事实上奥斯特罗过去还经常强调和表明，大众集团中没有对员工的威慑，没有独裁的领导体制。当他对企业中最根本的东西都视而不见，或不愿看见的话，那还需要企业职工委员会干什么呢？

[一] 该俱乐部和球队属于大众集团旗下。——译者注

大众柴油机欺骗软件的丑闻并不是动摇大众集团根基的唯一一桩丑闻。十年前关于大众企业职工委员会的召妓事件和行贿丑闻就已经将集团推上了头条新闻，并导致了对前企业职工委员会主席和工会成员克劳斯·沃科特等人令人痛心的司法判决。显然大众集团的公司结构并没有如预想的那样对企业进行保护，而更多的是对企业产生了伤害。如今新的大众集团老板马蒂亚斯·米勒宣告了一个全新的企业文化，对所有琐碎细节的强迫检查不符合他的领导风格。但旧有的结构，如权力过大的企业职工委员会主席及由下萨克森州州政府官员占据的监事会席位所导致的力量不均衡，仍然是一个问题。为了吹响迈向汽车新时代真正的解放号角，大众集团需要一个全新的构建。问题的解决可能就在于不要再让上层政客们在大众集团行使州政府 20% 的表决权，而是扩大至更广泛的政治单位，如德国政府；将《大众公司法》和州政府在大众股份公司的参股全部撤销。短期看来这些步伐可能过于激烈，但长期下去是对集团最好的保障。相邻的大陆公司就证明了，这一步对于下萨克森州政府来说值得付出。一个企业的未来不是通过法律、政客或工会来保障的，唯有产品的吸引力和客户的服务才是王道。

大众还能转向吗

没有问题：柴油车丑闻是一次前所未有的震动，让企业付出了极为巨大的代价。2016 年 6 月底，大众同意了在美国的调解，以 147 亿美元补偿了全部的客户私人诉讼费用及支付给机构的罚金，另外尚有一些由于股东被过晚告知柴油车丑闻信息而引起的诉讼，以及在其他国家可能发生的诉讼案有待解决。除此而外，大众的形象也受到了严重损害，客户对大众汽车保持敬而远之的态度。总而言之，大众集团经历了其有史以来最大的一场危机。这是消极的一面。

从积极的一面看，新的大众领导者马蒂亚斯·米勒的行动可圈可点。米勒与一个新的战略团队在大众进行了一个180度回转。企业文化变得更开放，米勒给予了人们自由空间，并设定了在旧领导者马丁·文德恩和费迪南德·皮耶希时代不可想象的新的优先项目。米勒想迅速改造大众，他的改造规划叫作“2025战略”。米勒想实施三个计划。第一，电动汽车。至2025年，目前以内燃机为核心的大众集团计划将30款以上的纯电动车型投入市场，2025年集团要售出达300万辆的电动汽车——这将占集团销量的四分之一。大众考虑建立自己的锂离子电池工厂来取代从供应商处采购。蓄电池技术将成为集团新的核心能力。并且米勒打算放弃柴油车技术，在访谈中他强调，继续投入柴油发动机技术没有太大的意义。米勒在2016年6月召开大众全体股东大会前这样说道：“一个问题就是，从某个时刻起我们是否还需要持有大笔资金用于进一步开发柴油机技术。”对于一个欧洲汽车制造商的董事会主席来说，这个说法等同于一次革命。第二，大众集团将以2025战略进行自动驾驶汽车的规划，米勒说：“我们将自主提供自动驾驶汽车和人工智能所需要的资源，目标是通过一个独立开发，有竞争力的解决方案。”它计划至2020年年末完成。2025战略的第三个支柱是新的出行服务。大众将对共享经济进行投入，2016年年初已经投入3亿欧元入股乘车服务商及优步的竞争对手Gett。为了2025战略的三大支柱，大众集团规划了数百亿欧元规模的投资。大众集团想全力掌握全新移动出行时代的三大热门领域。如果没有柴油门事件，大众集团将不会有这样的转机，那么在新的移动出行时代里，拥有陈旧等级体系的大众集团就会是如同一个来自远古时代的恐龙一般的存在。有时候巨大的危机也会是引发如此关键性转折的一个契机。

除了三大战略重点，大众还改造了它的组织结构（见图18）。基本方针是更加分权化的管理、更多的品牌职责以及一个“精简化”的集团上层构架。大众品牌汽车现在被构建成一种所谓的矩阵式组织结构。四大业务集群总裁现在负责不同的车型系列。由开发、采购、生产、销售、财务和质检六个专业部门“辅助工作”。矩阵式组织结构比过去的直线式组织结构更有效率，并赋予了业务集群总裁更多的责任。后柴油门时代的大众集团正发生着很多改变。米勒说道："我们无疑还存在着严重的缺陷，这里首先强调的关键的是：结构、文化和效率。"米勒的2025战略得到了股东们很好的认同。

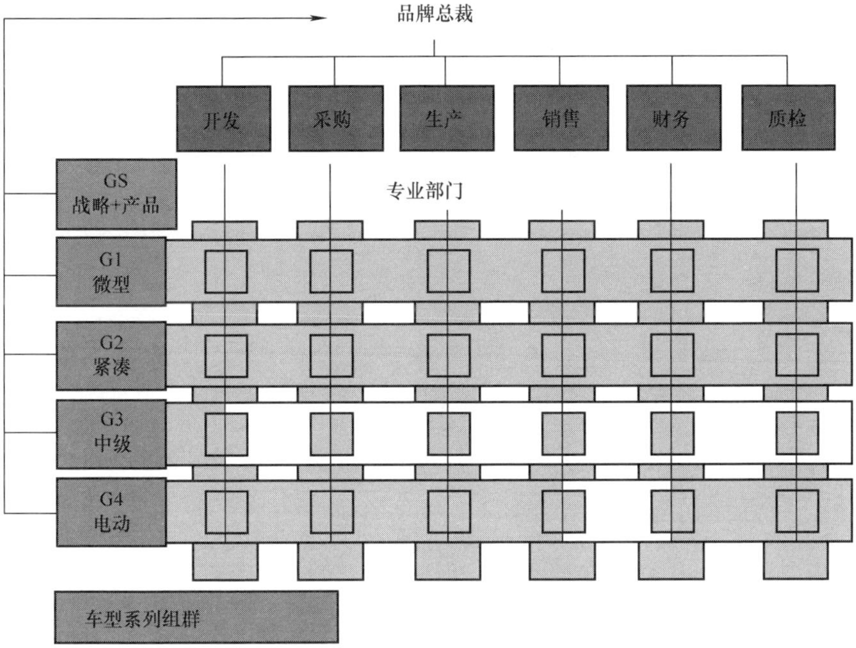

图18　大众股份公司的新组织机构图

关键的难题仍然是改善核心大众品牌乘用车的效率。因此大众现在计划将零部件工厂放到同一个"屋檐"下。这样一来就使高效率单位或是低效率单位，以及相应的竞争劣势变得透明化。鉴于集团监事会中仍然存在着的多数表决结构，至于在何种程度上可以让这些计划得以实施，仍然是一个关键性的问题。虽然以企业职工委员会主席奥斯特罗为代表的五金行业工会和以州长魏尔为代表的下萨克森州政府强调了对转型的支持，但至今仍然回避了这些艰巨的问题。如果没有《大众汽车法》和州政府参股，未来效率提升计划的一大部分将会更容易实施，但大众在这方面显然还缺少重新开始的勇气。

柴油门丑闻让大众集团背负起巨大的负担。然而柴油门丑闻是一个一次性的地震，一次性的损失虽然代价巨大，但还可以修补。更严重的是慢性的沉疴。大众乘用车品牌和大众股份公司面对的就是长期性问题，不可能以一次性的代价，无论它有多高，就能一笔抹掉。对于未来发展的一个先决条件就是解决大众长期性的成本问题。只有改变大众的公司结构，企业才能真正有能力应对未来。当监事会中的权力被重新平衡时，大众就会转向。新的董事会领导者的2025战略是正确而有决心的，为大众集团未来的艰巨任务做好了准备。米勒也在企业文化上开展了工作，如果成功地让新的文化深深地根植于集团，大众就会转向。那是一种开放的文化，一种在硅谷的企业中所体验到的文化。来自硅谷的大企业如Adobe、亚马逊、思科、Facebook、英伟达、Symantec或特斯拉都有一个共同的要素：对待员工的方式自由、没有强迫，以及不仅仅是通过T恤、牛仔裤和运动鞋所体现出来的员工自主决定意识。固定的出勤时间在这种企业中不存在，而是让员工在他们最“有生产力”的时候工作。在硅谷，数据驱动型公司的规则和原则非常明显。使用数十亿的数据来工作，将它们进行融合，并从中产生新的令人兴奋的产品，这就构成了这些公司的创新力。它们尊崇规则，它们打破规则。它们的核心原则不是持续改善，而是曾经引用过的熊彼特的“创造性毁灭”或者是颠覆性创新。它们有能力打碎一个行业，并进行重新组合。州长或权力滔天的工会干部作为监事会成员和联合经理人就是这样一个新世界道路上的绊脚石。

8. 打破规则的特斯拉

每一项新技术都需要一个去实现它的人，一个迅速打破旧有的规则，用一种全新的模式改变世界的发明者和企业家，在汽车产业中非特斯拉莫属。自 2012 年开始人们就可以买到特斯拉的未来电动汽车。这个由美国亿万富豪埃隆·马斯克于 2003 年在美国加州的帕罗奥多创立的企业在不到 15 年的时间里成为电动汽车中的典范，同时在比如全自动驾驶功能领域也担当了先驱者的角色。特斯拉致力于在汽车世界里为高端这个概念赋予全新的质量标准，为汽车打造全新的体验。只有当人们深入探究它的创建者和掌舵人埃隆·马斯克这个人时，才能理解特斯拉是这个世界里最具风头的品牌。

“人生苦短，无暇享受假期”

虽然埃隆·马斯克从未真的说过这句话，但当人们回顾他的人生，他的整个行为被这种态度打上了深深的烙印。马斯克是亿万富翁，追求创新无人能出其右。他的数十亿财富不是继承而来的，而是自己努力创造出来的。用这数十亿开发“绿色”可持续技术的愿景是驱使他的动力。马斯克拥有用技术创新让我们的世界更加美好，更加具有生活价值的天分。他甚至创建了自己的航天企业 SpaceX，想在火星登陆，为的是在那里构建人类聚居的基础设施。思维活跃的马斯克想在这个红色的星球上建立一个达 8 万人口的移民地，类似于第二个地球的想法在他的脑海里不断浮现。他的 SpaceX 小型飞行器 Dragon 2 号，一种可载七名航天员并可回收使用的航天飞机试航获得了成功。该任务名为“红龙”。“红”色指的是火星的名字。Dragon 2 号是为运载宇航员至国际空间站而设计的，其上一代型号 Dragon 号之前已经成功地将运输物资运到了那里。

埃隆·马斯克看起来比神通广大的蜘蛛侠还要举重若轻，但如果人们回顾一下他都做到了什么，那么很快就会有了判断。例如，几乎在与马斯克 2016 年 4 月宣布火星任务计划的同时，美国国防部对外公布，SpaceX 将首次参与一项军事任务。马斯克的航天公司将以超过 8000 万美金的价格将一颗导航卫星发射到地球轨道。SpaceX 与美国国家航空航天局（NASA）签订了一个超过 16 亿美元的合同，将通过一系列的航天飞行，将装备物资运往国际空间站。SpaceX 于 2002 年由马斯克创建，拥有 4000 多名员工，进行空间飞行时使用的是位于卡纳维拉尔角和范登堡的美国空军基地。

埃隆·马斯克成长在当时严重种族歧视的政府统治下的南非。在青少年时期他就沉浸于自然科学书籍中，并手工制作小型火箭的燃料。15 岁时他移民美国，之后在费城的宾夕法尼亚大学学习物理和经济。这对马斯克来说是一个独特的标志：他并不是一个默默无闻的发明家，而是想作为企业家将这些创新以大规模经济的方式来实现。他对技术和市场感兴趣，在大学时代就开始打工并为公司开发经营模式。例如，他为一家公司开发了扫描书籍文稿并转为数字化格式的软件，并为另一家公司开发了生产储能系统的软件。他在硅谷创建了自己的第一家企业 Zip2，四年以后就以 3 亿美元卖给了计算机生产商康柏。他将这笔钱投入到 X. com 项目中，也就是后来的支付服务系统 PayPal，2002 年以 15 亿美元的价格出售给 eBay。马斯克在 PayPal 上赚了差不多 1. 8 亿美元。

用这些钱埃隆·马斯克得以马上实现自己的三个梦想，创建了电动汽车制造企业特斯拉、私人航天公司 SpaceX 和光伏电池板制造企业 SolarCity。Solarcity 是他与他的两个表兄弟林登·里夫和彼特·里夫共同创建的，由他任监事会主席，目前该公司以超过 1 万名员工的规模成为美国最大的光伏发电供应商。多家高级机构和企业如美洲银行、谷歌、美林证券和美国能源供应商 PG&E 都是 SolarCity 的融资伙伴，投入资本总计超过 80 亿美元。SolarCity 采用的是业内最具创新的系统和技术，它将改变我们获得能源的方式。例如，特斯拉的电动汽车和私人家庭将不再使用由褐煤或石油发电的传统电力，而是按照马斯克的想法使用可持续获取的太阳能。对于马斯克来说最典型的一点就是，他的所有商业行动并不满足于各个单一的、封闭的商业环节，而是尽可能马上创建出一个完整的全新体系，并迅速冲破旧有的世界。这并不仅仅是创造出一种新的动力，而是要创造出全新的汽车、蓄电池、充电桩、电力系统和销售体系。

马斯克极具创新和技术领先的天分，他所做的一切都必须是尖端科技。为特斯拉工作的供应商报告说，特斯拉汽车的所有零件及部件马斯克只要质量顶尖和技术最新的产品，如果他在供应商那里找不到，就由特斯拉自己制造。这就是马斯克，他鄙视平庸，并让他的员工也察觉到这一点。他不是一个简单的老板，而是让他的团队全力保持活力。2006 年马斯克和他的 SpaceX 公司轰动一时，四月份他第一次成功地让一枚可回收火箭在大西洋的一个漂浮平台上着陆。在此之前，平均每枚造价高达 6000 万美元的火箭只能一次性使用。马斯克说，采用可回收火箭可将一次火箭发射的成本降低几十万美元。当时的美国总统奥巴马甚至忍不住在推特网（twitter）上向马斯克祝贺成功。美国总统 2016 年 4 月 9 日的推文写道：“祝贺 SpaceX 火箭海上着陆成功。正因为像你和美国国家航天航空局这样的创新者使得美国继续引领太空探索领域。”火箭着陆海上平台对马斯克来说是一个巨大的成功。在过去，SpaceX 多次尝试均告失败，代价惨重。现在他向所有人，向强大的美国国家航天航空局，向俄罗斯的航空先锋们，向全世界的大集团公司再次展示了自己。他的载人飞往火星，让人类定居外星的愿景，随着这次海上平台的着陆在经济性上变得可行。

当然，马斯克不可能独立提供所有的资金支持。他需要大笔资金和资金实力雄厚的伙伴来实现他的愿景和计划，而这就是马斯克。迄今为止，他“找钱”一直都很幸运。谷歌和富达投资集团于2015年入资SpaceX，目前持有10%的股份。美国富达投资集团以管理价值超过3100亿欧元的客户资产，是世界上最大的私人基金公司。马斯克的资金提供者还包括其他重要的合资伙伴如创业者基金、德丰杰风险投资公司、Valor Equity Partners私募股权投资等。马斯克不仅有令人高山仰止的创意，而且他成功地融到了实现这些想法的资金。他不是一个幻想家，而是一个不惧风险，有着超强执行能力的创新者。

马斯克为了达到自己的目标具有无穷无尽的雄心，并且有着如同工作狂般的强悍方式。为了让第一款特斯拉车型——特斯拉Roadster尽快交付，他周末睡在工厂里，以便万一有什么困难可以迅速做出反应。记者阿什利·万斯2012年曾在彭博新闻社对马斯克进行过专访，并以《埃隆·马斯克，21世纪的工业革命家》为题撰文。万斯这样写道，商业伙伴和员工视埃隆·马斯克等同于以iPhone或iMac这样令人惊叹的创新而改变世界的传奇人物——苹果创始人斯蒂夫·乔布斯，等同于在美国被推崇为石油工业旗帜的约翰D. 洛克菲勒，以及美国亿万富翁、企业家、制片人和航空先驱霍华德·休斯。

而马斯克并非一路福星高照。2008年他的汽车公司特斯拉差点破产，因为特斯拉的进度严重落后于规划，生产中的困难使其特斯拉Roadster的交付严重滞后。费了九牛二虎之力马斯克和他的团队才安然渡过波折。特斯拉遇到更大的问题是在2013年。据彭博新闻社当时的报道称，马斯克面临破产，正与谷歌创始人拉里·佩奇谈判有关企业的出售。谷歌愿意向特斯拉支付 60 亿美元。然而不久，由于新的特斯拉 Model S 良好的销量，特斯拉股价大升，谷歌的收购成本升高，马斯克又一次跨过了难关。

埃隆·马斯克想用特斯拉做什么

特斯拉作为一家企业为汽车界设立了标准和尺度。1856 年出生的塞尔维亚人尼古拉·特斯拉是汽车制造企业中“灯塔”一般的人物，为特斯拉的企业精神、文化和品牌都打上了深深的烙印。当然尼古拉·特斯拉和埃隆·马斯克从未谋过面，但他们的性格却极为相似：两者都热衷于通过伟大的发明，通过技术革新来改变世界。尽管马斯克肯定不想在商业世界里像他的榜样那样遭遇不幸。莱纳·哈夫在撰写的《尼古拉·特斯拉：被骗的天才》一文中将这位塞尔维亚人描写为历史上最天才的发明家。年轻时的特斯拉对“电的神秘力量”和发明的世界非常着迷，在他求学奥地利格拉茨期间，他贪婪地阅读成排的书籍，痴迷地学习关于电方面的知识。

尼古拉·特斯拉的第一个有重要意义的发明是发现了旋转磁场。借助于这个发明他成功地设计出一个由交流电作为能源动力的电动发动机。当时已经有了直流发动机，但它有很多致命的缺点。由尼古拉·特斯拉发明的感应电动机的原理极具创造性。一个位于中心的转子被很多安装在周围的线圈所带动，交流电流过这些线圈，产生转动的磁场，这些磁场又犹如看不见的手驱动转子。特斯拉以他的电磁感应发动机开启了交流发动机的时代。交流发动机在今天已无法从我们的世界中舍弃，它改变了我们的生活，伴随着我们从简单的厨房电器直至沉重的火车电动机车。这个发明出现之后两年的 1884 年，尼古拉·特斯拉移民美国，遇到了企业家托马斯·阿尔瓦·爱迪生，并开始在爱迪生的企业里工作。爱迪生虽然也借助于发明获得了荣誉和事业，但他更喜欢做有效益，能卖出高利润的产品。而特斯拉却相反，犹如来自另外一个星球。他并不为了金钱而搞发明，而是为了将自然的力量为人类所用；他甚至梦想着每个人将来都能获得免费的电能。

特斯拉的理想主义与其在现实中的际遇，与谷歌那样的大型互联网集团的故事有一丝相似之处。谷歌的创建人拉里·佩奇和谢尔盖·布林最开始想用一个搜索引擎来改变世界。今天谷歌公司成为一个数据垄断者，利用与它们的用户有关的数以百万计的信息榨取利润。当谷歌有朝一日完全垄断市场，那么客户就只能找到在谷歌做广告的企业，谷歌会将广告价格抬高，最终谷歌的用户会为看起来似乎免费的服务向谷歌支付高昂的价格。一个狡猾的商业模式，更近似于托马斯·阿尔瓦·爱迪生而不是尼古拉·特斯拉的思维模式。

埃隆·马斯克看起来几乎是这两种背道而驰的思维模式的不真实的共生体。从人的本性上他更接近于尼古拉·特斯拉的类型，然而他知道建立品牌的金钱力量并投身其中，至今为止一直都很成功。类似于斯蒂夫·乔布斯之于苹果，埃隆·马斯克在特斯拉也建立起了一种反谷歌和亚马逊的品牌形象。谷歌今天在很多人头脑中落下了令人反感而危险的数据八爪鱼的形象。2014 年欧盟议会甚至提出了分解这家垄断企业的要求。相反，苹果和特斯拉这样的品牌人们则很乐于接受，并吸引了很多人，这对业务的长远成功十分重要。如果埃隆·马斯克能成功地将企业稳固下来，那么他就创造了一个令人有好感、炙手可热的品牌，这样的品牌远远比一家人们被迫接受其服务，只因别无二家的企业要更有持久的支撑力。但埃隆·马斯克和特斯拉的道路并不那么简单。他的令一切皆成可能的狂飙突进的急迫感，也同时成了他的问题。因为速度是有代价的。

快速行动者特斯拉的问题

尽管他有诸多伟大的创新，拥有潮水般众多、兴奋着迷的粉丝们，但特斯拉公司至今账面亏损。2011—2015 年这段时期累计亏损达 19 亿美元，马斯克在这个五年期平均每年承担 3. 9 亿美元的亏损。对此金融分析师称，特斯拉是在烧钱。然而，尽管持续不断地亏损，特斯拉的股票价格却从2010年首发时的17美元一路攀升到2015年年中的历史最高点280美元。谁在2010年花100美元买入特斯拉股票，那么到2015年年中就可以以1647欧元的价格卖出，虽然企业自2003年创建起还从未有过盈利。当然，就如股市交易员所说的，股票具有高度的投机性并且波动非常大，但这张“特斯拉属于谁?”的概览表显示了，在特斯拉这里没有等闲之辈，投资特斯拉股票的都是一些超大型，有着悠久历史和极为成功的机构投资者。

特斯拉属于谁?

- 散户 49.1%
- 埃隆·马斯克 26.5%
- FNR LLC 10.2%
- Baillie Gifford & Co. 8.2%
- 普信集团（T Rowe Price Associates，Inc.）6.0%

FNR LLC的背后是美国大型投资公司富达投资集团。Baillie Gifford & Co.是一家有上百年历史的英国投资公司。普信集团（T Rowe Price Associates，Inc.）是一家管理着超过7500亿美元投资者资金的美国投资公司。

是什么驱使着投资公司向它们的投资者推荐这样一家迄今为止只是烧钱的企业呢?

至今亏损的一个重要原因就是在特斯拉的生产环节中一再出现的延迟。两个车型Model S和Model X所宣告的销售日期不得不一再推迟。2016年特斯拉新的Model X跑车的生产在当年第一季度就出现了严重问题。Model X的上市时间原定为2015年9月，但2016年的最初几个月Model X的生产几乎每天都停工。特斯拉Model X拥有大量的革新技术，但很多特斯拉配件供应商在零部件上有问题，质量不符合要求，缺陷率太高。比如，出现问题的翼式车门，特斯拉给它们起名叫“鹰翼”。它们不仅看起来时髦，还能让人很舒适地步入后排座位。但是由于使鹰翼门向上开启的机械部件会过热，有时会使鹰翼门无法打开。此外，特斯拉的驾驶人还投诉装在翼式车门上的传感器会出现问题，导致车门会在封闭式停车场中撞到屋顶。在特斯拉介绍企业 2016 年第一季度业绩的电话会议中，埃隆·马斯克用这样的话来评论 Model X 的生产问题：“我们必须在生产领域居于领先地位……这显然是我们亟待解决的问题，以使我们迅速成长，让我们的汽车更能让人买得起。”他以典型的埃隆·马斯克方式补充说：“我的办公桌几乎就摆在生产线的旁边，紧挨着的一间会议室里我放了一个睡袋，我会相当频繁地用到它。”

如果被大批拥趸翘首以待，由埃隆·马斯克于 2016 年 4 月宣布的“量产汽车”特斯拉 Model 3 如期下线的话，那将会是一个大大的惊喜。估计没有人，包括埃隆·马斯克自己，会相信这个时间表。特斯拉 Model 3 会使整个行业翻天覆地。大众高尔夫的电动版售价将近 35 000 欧元，电池充一次电大约续航 150 公里。而与此同时，特斯拉 Model S 的价格则在 35 000 美元，折合不到 32 000 欧元。特斯拉的 Model 3 是一款纯电力驱动的高端汽车，尺寸相当于宝马 3 系，续航能力超过 300 公里，使用备用电池续航能力甚至可提升到 500 公里。如果 Model 3 能以马斯克所说的价格进入市场并且特斯拉还能在它上面赚到钱的话，这将会是特斯拉的一大突破（见图 19）。

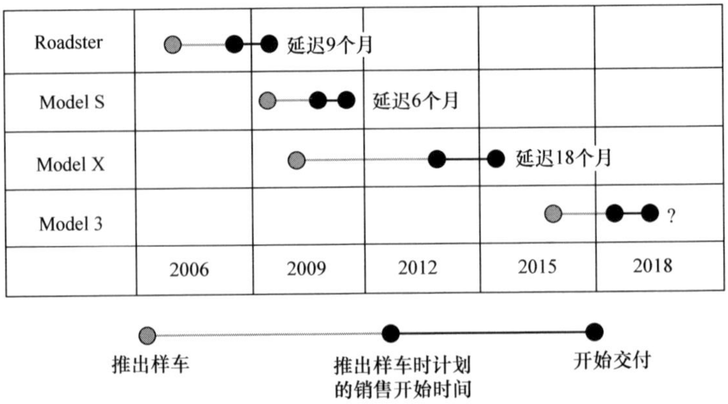

图 19　特斯拉的生产延迟

面对极其诱人和有竞争力的价格，以及特斯拉品牌的情感感召力，一点也不奇怪，在短短两周内特斯拉粉丝们就签下了 40 万份购买合同并每人交付了 1000 美元的定金。这样下来合同价值超过了 140 亿美元，因为所有汽车肯定不是以起步价购买的。在整个 2015 年特斯拉销售额达到了将近 40 亿美元。而 Model 3 两周内收到的合同相当于过去一年销售额的近 4 倍。迄今为止最大的高端汽车制造商宝马整个 2015 年在全球销售了不到 3 万辆宝马 i3 电动汽车。这样的话特斯拉在两周内就达到了宝马 i3 十三年的合同数量。这简直无法想象。这就预示着，为什么依然还有投资者力挺特斯拉，为什么人们依然掏钱给埃隆·马斯克，虽然他至今只是在烧钱。

迫于 Model 3 潮水般的订单，埃隆·马斯克现在显然更加急迫。特斯拉应当更快地升级为一个真正的汽车制造商。取代了之前计划的 2020 年目标，埃隆·马斯克在 2016 年第一季度公司业绩的电话会议上宣布，2018 年就计划在全球销售出 50 万辆特斯拉汽车。将这个数字放到具体情境中比较一下：汽车制造商沃尔沃 2015 年全球售出 50.3 万辆汽车，特斯拉本身才 5 万辆。就是说在两年内埃隆·马斯克要让特斯拉的产量翻十倍。为此他必须显著加快生产线的扩建，显著改善自身和供货商的质量和生产流程，并且他需要大笔的额外资金。他需要数十亿的资金以达到雄心勃勃的新增长目标。对于特斯拉团队和供应商来说本来紧张的神经会更加绷紧。

特斯拉模式——不同于百年来的营销体系

根据对自我的理解，特斯拉将自己视为“投入于创新能源解决方案的技术与设计集团公司”。特斯拉不想仅仅是一家汽车制造商，不想像菲亚特、现代或雷诺那样。埃隆·马斯克想为创新的能源解决方案赋予高品质的特性和情感。通过无排放的动感、无噪声的加速、内部空间的触屏表面，通过持续不断的软件更新，透过互联网向客户提供大量最新及新开发的功能却不必去维修站，这一切都会对特斯拉的驾驶人产生感情冲击。对于埃隆·马斯克来说，产生对汽车的一种“新的感受”是最为重要的。埃隆·马斯克想展示“创新”的感觉是什么，并将这种感觉在汽车的设计中表达出来。

“形式追随功能”是保时捷公司在设计传奇般的保时捷911跑车时的指导方针。埃隆·马斯克就是这么做的，只不过是换作了“新的功能”。宝马、法拉利、奔驰、保时捷在传统的使用内燃机的机械世界里所做到的，埃隆·马斯克要以零排放、低噪声和更智能的动感将其转换到一个全新的世界里。硬件，也就是汽车本身，以埃隆·马斯克的观感品质来说与苹果的iPhone或MacBook旗鼓相当。与之相比谷歌汽车显得多么乏味？特斯拉的品牌理解更接近于苹果而不是宝马、奔驰或保时捷，离谷歌更是十万八千里。梦幻般的技术必须通过外观的塑造展现出来，无噪声、无尾气，动感与智能必须在设计中有感染力地表达出来。

这也同样体现在特斯拉的市场营销和销售上。埃隆·马斯克不想让他的高科技电动汽车放在工业区中千篇一律的汽车营销店里销售，在那里巴迪·霍尔（由丹尼·德·维托主演的美国喜剧电影《闪亮的圣诞节》中的人物）式的明星销售员用陈词滥调向客户提供“咨询”。特斯拉的产品不再适合于100多年来的汽车销售店的销售方式，在那里汽车简直就是在折本贱卖。而特斯拉则在销售中注重自我导向，从而避免破坏汽车的“全新感受”。在特斯拉位于市区中心的体验店中，门外没有成排的展示样车和出勤车停靠上来，特斯拉营造了一种个人与品牌不期而遇的氛围。其他的汽车制造商将销售外包给外部的汽车经销商，这是因为这些中型汽车经销商比大型汽车制造集团集中控制销售的运营成本更低，再加上外包也会节省一大笔销售资金的占用。汽车制造商们最重要的财富——与客户的联络和关系，却几乎是掌握在外人的手中，就像100多年以来几乎在所有行业里的状况一样，比如，洗涤剂制造商将它们的货品箱摆在超市的货架上，电器生产商将它们的冰箱和热水壶放在电器专卖店，或者出版社将它们的书籍放在书店里销售。如此运营品牌，难道不是很奇怪吗？特斯拉在这方面也进行了突破，对销售和重要的客户联系进行了自己的构建。

到目前为止，特斯拉在全球投资了230家体验店和售后服务点，这个数字到2017年将增加至300个。虽然马斯克为此需要额外的资金，但是属于自己的分店给予了特斯拉品牌设计和对外形象有力的支持。斯蒂夫·乔布斯对苹果体验店也采用过类似的方式。当像奥迪、宝马、奔驰那样的高端制造商开始在伦敦、巴黎或北京市中心以贵族精品店来对抗其他传统汽车销售店时，年轻的汽车制造商特斯拉已经完成了整套体系的转变。它在市中心的体验店更类似于一个社交聚会点，而不是卖场。特斯拉车型的预订和支付一般都在网上通过智能电话或个人计算机完成。要让预定被接受，必须预付2000欧元，然后客户可在两周时间内在网上对其新车的技术规格任意进行更改，对此他并不需要销售员。如果他在这段时间内考虑撤销购买，也会拿回预付金。车型的选择和配置很简单明了和透明，在特斯拉网站上对汽车的讲解部分地加入了视频，这种形式非常通俗易懂。试驾也是在网上预定，直接给出交付日期，客户可在住所附近的一家服务中心取车。人们不再需要丹尼·德·维托那类不合时宜的汽车销售员。在以应用平台为特征的现代世界里，购买体验有了全新的质量标准，不再需要地毯商般的氛围。

特斯拉大事记

2003	埃隆·马斯克和马丁·埃伯哈德开发样车 T－Zero，一款用锂离子电池的电动汽车，并创建特斯拉汽车公司，以塞尔维亚发明家尼古拉·特斯拉命名。
2006	特斯拉在英国跑车路特斯 Elise 的基础上用292马力电动机和6831锂离子笔记本式计算机电池，推出第一款量产汽车 Roadster。
2009	特斯拉出现数百万美元亏损，马斯克需要新的资金，戴姆勒和丰田入股。
2010	特斯拉上市，首发股价为17美元。特斯拉另外获得美国政府4.65亿美元贷款用于建造位于费利蒙市（加州）的汽车厂。通过卖出价值10亿美元的新股票和债券，贷款于2013年提前还清。

（续）

2012	特斯拉销售 Model S 车型，这是第一辆电力驱动的高级豪华轿车。在当年特斯拉出现亏损，据 2013 年彭博社报告为 3.96 亿美元，埃隆·马斯克欲将特斯拉以 60 亿美元卖给谷歌，Model S 销量上升使股价提高，交易破灭。
2014	超级电池工厂（Gigafactory）开建。与日本松下电器集团合资，在美国内华达州共建世界最大的锂离子电池工厂。
2015	开始批量生产特斯拉 Model X，一款纯电动 SUV。第二家特斯拉总装厂在蒂尔堡（荷兰）开始生产 Model S。
2016	宣布推出售价 35 000 美元的特斯拉 Model 3。一周内获得 32.5 万单预订。特斯拉宣布 2018 年生产 50 万辆 Model 3。

特斯拉不只在汽车销售方面，同时也在车辆维护方面打破旧有的规则。特斯拉定期通过移动网络向车辆发送软件更新，而无需客户前往汽车维修店，由驾驶人自行决定更新的安装。这与费时费力地到销售店上门更新相比，是怎样的天差地别啊！大众集团由于排放造假而导致了规模最大、最复杂的召回行动，其中很大一部分的柴油机问题都可以通过发动机软件的升级就能解决。然而传统汽车制造商里就没有人能想到，这完全可以不必送回维修厂就可以完成。

特斯拉还继续放弃了常见的广告手段，从而节约数百万的费用。一辆汽车的总价中广告费用所占金额为 500～2000 欧元。在电视频道广告版块的一大堆面条、啤酒和婴儿尿裤的广告中间，汽车生产商插入它们耗费巨资制作的广告。在日报和杂志中以高昂的广告费整版赞颂它们的汽车。在广播节目里，新闻节目开始前，菲亚特、起亚之流的大甩卖广告令人心烦。在面积巨大的海报广告板上由收费昂贵的模特和摄影师们制作出来的高光海报熠熠生辉。仅在德国，像奥迪、福特、欧宝或大众每年为广告和赞助所投入的费用就达十位数。特斯拉不做广告。在这一点上，马斯克也忠于网络原则，更多地注重于口口相传、媒体报道、亲身讲述故事和推荐，而且现在就已经比很多不知疲倦地搞赞助和写粉丝文章的制造商更有知名度，更炙手可热。

汽车展也不是为埃隆·马斯克这样的人准备的。在这个花费数百万资金的传统产业盛会上，由年轻的模特们簇拥着推介的最新车型，可汽车展并没有把该来的人都带进展厅。苹果从未在行业的无数主流展览会中的任何一个，包括CEBIT电子展上作为全球首发去推介任何一项创新或新产品，这不是没有理由的。为什么人们要在那里作为无数人中的一个，在某某号展厅里去展示他的最新创意呢？斯蒂夫·乔布斯将所有的新产品都放在自己独家的公司推介会上以极大的感染力隆重推出，并通过互联网同步送达世界各地的数百万感兴趣者那里。这正是埃隆·马斯克要做的。如果产品有创新并且能打动人，就显然会比在法兰克福国际汽车展 8 号厅，站在 20 多个其他汽车制造商旁边带来更多的关注。苹果和特斯拉都要求的是独一无二，为此就需要一个独一无二的营销，而不再是 50 年前的那种推介方式。

特斯拉的思考和行动都是体系化的，它关注的不是一个封闭的产品，而是为此所需要的一切，关注的是整个客户价值链。这与传统的汽车制造商是多么的不一样！对于电动汽车，汽车制造商们至今依靠的是能源集团、市政公共事业部门、超市和车站的充电设施。然而这种充电设施结构存在着漏洞，系统之间不兼容，并且经常损坏。例如，一名德国北部基尔市的市政电力客户想在南部慕尼黑的 Eon 能源公司或斯图加特 EnBW 能源公司的充电桩上为电动汽车充电可能会变得很麻烦。他的用电合同对基尔市政提供的电力来说足够了，但在慕尼黑他就得需要打服务热线来开通充电桩，当然这些还得按“特别费率”付费。埃隆·马斯克事先看到了这个问题，市场上早已有了特斯拉的高级解决方案。特斯拉在世界各地建起了超级充电站——又是一个品牌冲击，它们保证了特斯拉用户在超现代造型的超级充电站中使用免费的电力为汽车快速充电。2016 年年初，特斯拉在全世界分布着 623 座超级充电站，共计 3692 个充电桩。仅在德国目前就安装了 35 座超级充电站，超过 200 个独立充电桩，覆盖了最主要的高速公路网。自然，特斯拉超级充电站也不像那种简陋的充电桩，特斯拉的指导方针始终是最有创新的系统。根据特斯拉的说法，超级充电站提供世界上最快的充电过程，可以使特斯拉的电池在 20 分钟后就充满一半。

充电站在世界范围内的布局规划尽量保证在长途行驶时减少停车时间，并坐落在易于通行的地点，比如在大型购物中心附近。当然还有更多的充电桩在规划中。即使自建充电站网络的资金对特斯拉来说也是一个不小的挑战，但网络还在不断扩展。传统的汽车制造商还没有哪家觉得自己应该对德国的充电网络建设负有责任。它们只不过是局限于制造汽车和提供金融服务的“汽车制造商”。它们把销售、服务或基础设施建设都交到外人手中。

并不让人感到惊讶的是，特斯拉与松下合资建立了自己的电池工厂，特斯拉超级电池工厂。电池是电动汽车的战略性部件，因此自主生产极其必要。特斯拉一个重要的竞争优势从一开始就在于其电动汽车的续航能力，也就是它的蓄电池储能容量。在 2018 年以前，不会有任何一个传统的汽车制造商能做到超越或仅仅是持平特斯拉当前 500 公里的续航能力。

特斯拉与全自动驾驶

当埃隆·马斯克通过其私人航天公司 SpaceX 为美国国家航空航天局发射火箭至太空，运送供给物资到国际空间，然后让火箭重新在海上平台安然降落后，人们就可以肯定地认为，SpaceX 拥有足够的软件开发能力来为汽车的半自动甚至是全自动驾驶编写程序。并且由于马斯克是一个完美的技术控，所以当他要在特斯拉推动全自动驾驶技术的开发时并不令人感到吃惊。自动驾驶汽车是电动汽车之外的第二大汽车产业技术革命。特斯拉将自动驾驶功能干脆命名为“自动驾驶仪（Autopilot）”，即使目前并未涉及一个像飞机里那样真正的、自主行驶的自动驾驶系统。自2015年秋开始，特斯拉为Model S配备了能够一步步加载运行自动驾驶汽车软件的硬件部件。汽车因此拥有了比如前置雷达；12个高测距范围的超声波传感器，可以在汽车周围将近5米的范围内获取任何一个速度数据；一个前置摄像头和一个数字控制的电子制动辅助系统。当然特斯拉Model S还拥有一个GPS导航系统，可以访问谷歌地图中的数字道路地图。汽车精确地“知道”它现在在哪里，距离下一个路口或转弯有多远。即便路口隐藏在一个突起物的后面，它也能识别出来，并能将速度自动下调。

2016年初夏，特斯拉已经为它的自动驾驶仪开启了第二次软件升级，这个自动驾驶仪迄今为止包含了四个功能。第一个功能是车道保持辅助系统，即汽车自动地、没有驾驶人的转向干涉而可以沿着车道，比如弯道行驶。然而据特斯拉的驾驶人报告说，当前版本的辅助系统在缺少车道标记或标记不清的情况下，比如，在工地周围，可能会出现问题。第二个是超车辅助系统，短击信号灯开关，汽车自动改变车道执行超车过程。第三个是车距自动控制系统，严格保持与前方车辆的安全间距，同时根据交通流不断调整汽车的速度。有了这三种功能，就可以实现比如在高速公路上的自动行驶。自动驾驶仪的第四个功能称作特斯拉“自动泊车（Summon）”功能。Summon功能可以自动将汽车停进停车空位和车库里。驾驶人也可以在自己的房前下车，通过智能手机上的Summon功能自动打开车库门，汽车自动开进车库，自动锁紧车门，车库门自动关闭。每天早晨这一切又可以反过来，人们走出家门，点击应用软件，车库自动开启，汽车用灯光信号向人问好并自动开过来。Summon的舒适功能当然也有助于封闭式停车场里狭窄的停车位，让人们不必再通过车门狭小的缝隙从车里挤出来。

当然这些驾驶辅助系统如自动泊车系统、车道保持辅助系统或超车辅助系统并非特斯拉独家开发。它们在奔驰、宝马或奥迪的最新车型上早已使用。但特斯拉处于开发的尖端，并不断通过新的软件升级对功能进行优化。从驾驶辅助系统过渡到真正的自动驾驶汽车是一个递增的过程。我们一步步地接近这样的状态：您的汽车下班时在您办公室前接上您，如果您愿意，它还会自动开回家。“让我们的客户始终处于汽车技术未来几年发展方向的前沿。”马斯克和他的企业正在为之努力，如痴如狂。可能到我们真正完全无人驾驶行车上路还要再等几年，但特斯拉却用它的自动驾驶仪实现了一个从想法上与飞机自动驾驶系统非常接近的方案。飞机的起飞和降落还是需要飞行员的操作，但在飞行途中，比如从法兰克福到北京，空客 A380 载着最多可达 850 名乘客在自动飞行。计算机驾驶飞机比人类更安全，更节省燃油，更精准。

尽管至今公司账面亏损巨大，但客户记录上的表现却令人值得骄傲。之前还没有任何其他的汽车制造商能像特斯拉这样在如此短的时间内一跃成为最炙手可热的高端品牌。小型市场瑞士就是一个简单而有说服力的证明。瑞士人喜爱顶级汽车，并且不像在中国、瑞典、荷兰、法国或美国那样，在瑞士没有任何电动汽车的补贴或扶持政策。此外，瑞士是“中立”的，因为那里没有本国的汽车制造商，也没有像德国或美国的制造商那样用自己的出勤车或公务车来扰乱市场。对特斯拉来说，瑞士就像是一种战斗的洗礼。如果特斯拉能在没有受到扰乱的瑞士市场表现良好，那么也就可能会在其他的市场上获得成功。

而特斯拉的瑞士销售表现至今令人瞩目。特斯拉 Model S 在 2015 年的第一个完整销售年中，瑞士的客户人数达到 1556 名。在同样的时间段内，保时捷的经典 911 的全部衍生车型如超跑、Targa 或敞篷车加在一起有 1027 辆的注册新车数，远没有达到特斯拉的销售数量。保时捷卡宴虽然因为 SUV 的热销也有 894 辆的销量，还不到特斯拉销量的 60%，而顶级豪华轿车保时捷帕纳梅拉（Panamera）甚至只卖出 168 辆。保时捷和特斯拉的对比结果，同样也适用于其他德国汽车制造商的顶级车型在瑞士的状况。奔驰

2015 年整个 S 级系列在瑞士售出了 776 辆，相当于不到特斯拉 Model S 销量的 50%。奥迪的车型 Q7（售出 759 辆）、A7（售出 242 辆）、A8（售出 100 辆）同样明显低于特斯拉 Model S 的销量，类似的还有宝马的 X6 系列（售出 242）、7 系（售出 192 辆），甚至宝马 i8（售出 100 辆）。这是一个令人佩服的对照表。在第一个完整的销售年终，特斯拉在瑞士市场试水就以 Model S 打败了所有传统的德国顶级制造商，通过了严酷的市场考验。在 2016 年 4 月，特斯拉发布的中级车型 Model 3 的大量订单，在这个背景下看起来也似乎非常正常。

还有什么要做的呢？特斯拉继续需要高额的资金，以让它的特斯拉计划在世界各地得以实施。这不仅限于为了埃隆·马斯克所宣布的至 2018 年将产能扩建至年产 50 万辆所需的资金，还有现金流的稳定，也就是能提供给企业的潜在的现金账户，这才是经济上的考验。客户早已经等在那里，高额投资所需的资金以及利润向未来的转移都是企业经营方面的巨大挑战。即使在接下来的时间里没有或仅有微薄的利润，也不能失去出资者和投资基金的信任。特斯拉对它的投资者和出资人来说是一场对未来的赌博。在这里最具核心重要性的是世界最大的汽车市场，同时也是电动汽车遥遥领先的最大市场：中国。中国的中央和地方政府想解决大型城市如北京、上海、深圳或重庆糟糕的空气质量，通过政策手段和高额国家补贴推动转型。在中国各地区和大城市购买电动汽车可获得高达 1 万美元的补贴。

除了更好一点的空气，还有另外一点对中国人来说尤其重要。中国要以一种跨越式战略，也就是从发展阶段跃升至工业化阶段，成为世界最重要的汽车大国。中国的汽车制造商要通过出口在重要的汽车产业中获得加分。中国还建立了一套税收体系，对进口的新车加收最高达 25% 的关税，因此世界上所有的汽车制造商都想在中国生产。只有在中国生产，才能让汽车的销售更有竞争力。在电动汽车方面，中国还有额外的特别规定，只有在中国生产的电动汽车才有权获得国家的补贴和奖励。特斯拉至今在中国没有生产基地，对马斯克来说填补这个空白非常重要。如果没有中国，特斯拉会很脆弱，如果有了中国，特斯拉就再次需要大笔的资金，而盈利会继续向未来推迟。因此埃隆·马斯克必须在接下来的几年里同时“抛要好几个球”。他对此训练有素，但他为此需要更多的股东和投资银行家，一旦这些人因为没有盈利而开始不安，事情就会变得更加困难。

9. 革命者与失败者

谁是传统汽车行业的革命者，它们的轮廓还有一些模糊。乘车服务提供商，如美国企业优步或它的中国同行滴滴出行，它们迄今为止对汽车技术方面毫无开发能力，但由于机器人汽车或自动驾驶这类话题的刺激，就自然而然产生了某种联系。因此优步和滴滴宣布着手自动驾驶汽车的开发。这两家都具备了充足的用于支撑投资的资金和出资人。乘车服务商究竟多快能够将一些拿得出手的技术投入市场，还很难估计。速度在汽车行业的转型中起到很大的作用，而软件则占据其中最关键的位置。

谷歌汽车：诡计多端的谷歌泡泡车

急遽变革的第二个群体聚集在规模巨大、实力雄厚的硅谷集团公司苹果和谷歌周围。谷歌从 2009 年开始就已经开始进行自动驾驶汽车的试验了，但加州人到底要什么时候开始生产甚至销售自动驾驶汽车，没人能回答。谷歌是一家软件集团，是以它的搜索引擎业务为核心成长起来，而在硬件领域谷歌至今乏善可陈。谷歌隆重推出的数据眼镜（Google Glass）宣称要以全新的功能成为眼镜的一场革命。而最终出来的却是一副带着边框，有着笨重而不实用的设计，以及内置眼睛传感器、蓝牙、摄像头、微处理器、话筒和电池的眼镜。2012 年春，数据眼镜面向公众推出，并在一个测试项目范围内以 1500 美元的价格出售。但三年后数据眼镜不得不从市场上撤下。对此的根本原因是谷歌一再因为使用个人隐私数据而造成巨大的失信，同时也因为眼镜笨重的设计和糟糕的实用性。

最近谷歌使用其无方向盘、无制动踏板的微型两人座汽车，以及 24 辆改装的雷克萨斯 SUV 车型在芒廷维尤市、奥斯汀市、凤凰城和柯克兰市的城市街道上进行自动驾驶技术的测试。根据谷歌的月状况报告，至 2016 年年中，测试车队已经在纯自动驾驶的状态下行驶了 260 万公里。除此之外，根据谷歌的报告，车队还在计算机采用模拟程序每天虚拟行驶了超过 300 万测试公里。

谷歌不断以新的插曲为谷歌汽车的营销造势，如“描绘小镇（Paint the Town）”活动。受谷歌的委托，当地艺术家们在这些滑稽的两座汽车上作画。在谷歌官网自动驾驶汽车项目的显眼位置也发布了通告“我们邀请了邻居将我们的自动驾驶汽车变为移动的公共艺术”。这些小玩意儿上五颜六色的绘画被当众展览，诸如“现在它已经能自动按喇叭了”之类的进展被广而告之。与之形成鲜明对比的是，已经过去了好几年了，进行了数百万公里的测试，人们仍然没有听到任何具体关于技术开发产业化的消息。看起来谷歌目前在营销自动驾驶汽车上所卖的力气似乎要比在真正可以拿得出手的产业化实施方案上要多得多。也有可能是因为谷歌到底对汽车本身的兴趣不如对卖自动驾驶软件，当然还有软件所能开启的数据宝库多得多。

还有更多的迹象暗示了谷歌关注软件销售并以数据赚钱的企图。例如，谷歌创建者之一的谢尔盖·布林，根据媒体的报道，在他推介两人座谷歌汽车时曾表示，未来人们将不再自己拥有汽车，而是绝大部分将汽车作为一种服务来使用，而谷歌拥有实现这方面的技术。布林对《纽约时报》说：“很可能我们将拥有一大批的合作伙伴，它们可能是汽车制造商、零配件供应商、服务提供商、城市或乡村政府。”

而表明谷歌只对软件和数据销售感兴趣的另一个迹象是2016年年初菲亚特－克莱斯勒老板塞尔吉奥·马尔乔内宣布与谷歌进行合作。菲亚特－克莱斯勒迄今为止既未在电动汽车领域，也未在自动驾驶或共享经济服务领域显露出任何可值得夸耀的表现。这家深陷债务的企业正疲于应对自己的结构重组。与菲亚特－克莱斯勒的合作让谷歌成功地借助于传统汽车制造商链条上最薄弱的一环找到踏入行业的时机。塞尔吉奥·马尔乔内在2016年5月曾自信地强调："菲亚特－克莱斯勒是Alphabet Inc. 旗下谷歌公司的一个积极的伙伴，以促成自动驾驶汽车技术与汽车制造商插电式混合动力版迷你厢式车的联姻，而不仅仅是个为谷歌做车身成形的钣金工。”然而仅仅几天之后，这种伙伴关系在谷歌自动驾驶技术部的新负责人约翰·克拉夫西克那里就听起来不那么具有开创性和了不起的意味了，克拉夫西克强调，还没有关于用谷歌软件为克莱斯勒插电式混合动力版迷你厢式车Pacifica装配100辆自动驾驶样车的进一步计划出台，在软件开发方面双方将没有合作，100辆样车的一系列测试结果将只归谷歌所有。难道说菲亚特－克莱斯勒只是个实验品和单纯的硬件供应商吗？这至少阐明了一个原因，为什么财政状况不像菲亚特－克莱斯勒那么吃紧的汽车制造商至今都避免与这个来自芒廷维尤市的数据八爪鱼公司进行合作。根据彭博新闻社的消息，马尔乔内在此期间又开始去找出租车服务商优步，据说也有与亚马逊谈及自动驾驶送货车的事宜。看来为了给菲亚特和克莱斯勒的汽车厂寻找客户已经是找得近乎绝望了。

谷歌要将其软件业务扩展至自动驾驶领域，并稳固其对未来汽车用户数据的数十亿美元业务进行垄断的战略是显而易见，且有据可依的。对于“美丽的汽车新世界”来说，这却是一个令人沮丧的情景。谷歌作为一个机器人汽车的软件供应商会将整个汽车产业和客户玩弄在自己的股掌之中。谷歌会掌握客户的数据和联络方式，可能会将其他的汽车制造商或多或少地降级为可随时更换的供应商。就像目前谷歌的搜索引擎，控制和限制着市场的准入，不在谷歌做广告的企业就不会或很难被搜索到。这样的事将来也可能会在汽车制造商的身上发生。因此欧洲竞争管理部门的一个重要任务就是，仔细考核到底允许人们对谷歌做出哪些妥协，在这些考核中应要求公开数据界面和数据处理结果。我们应当已经从柴油门和官方对软件造假可能性的无知中吸取到了教训。一个完全了解我们的搜索信息、移动信号数据、活动信息的数据垄断者谷歌，会引起恐惧与不信任，进而伤害人类对未来移动技术的信任。对于我们社会的进步来说，这是一个滋养有害的土壤。

除此之外，阻止这种垄断权力还有更现实的原因，即垄断者一般都会强加予过高的价格，并且它们的市场统治地位会造成广泛的负面社会影响。如今已经有很多反对谷歌的谴责和调查，其中包括欧盟委员会。例如，一些企业在利用谷歌在网络搜索和移动操作系统中的强大市场力量创造竞争优势。谷歌的商业模式极其狡猾，它的搜索引擎表现得更可靠、更迅速，并且看上去貌似是免费的服务。然而，在谷歌却从来没有免费的午餐，我们都在用我们的信息数据在支付这些服务，谷歌依靠对这些数据的统计分析和出售赚钱。那些通过谷歌做广告的企业，令人怀疑它们会以更高的售价收回它们的成本，因为谷歌的广告不是免费的。欧盟委员会针对谷歌的调查表明了一个拥有安卓操作系统和谷歌搜索引擎的谷歌集团，它的高市场占有率风险估计起来会有多大。垄断者谷歌是危险的，2015 年 11 月欧洲议会以明显多数同意将谷歌拆分为多家更小的企业不是没有道理的。对谷歌极端不信任的还有中国人。在中国，大型汽车集团上汽集团与阿里巴巴开始在网联汽车领域共同合作。上汽财务总监谷峰在 2016 年 6 月对彭博新闻社说：“网联汽车是汽车产业的必然趋势，我们与阿里巴巴合作，而不是与谷歌或苹果合作是因为后者只是将汽车视为一个安装它们软件的硬件而已。”

特斯拉和“泰坦计划”

苹果公司的计划可会比谷歌汽车进展更令人兴奋，虽然有关涉足新的移动出行产业的计划在苹果那里还表现得异常沉默和克制，但苹果与谷歌相反，它是一家可以同时出色地兼顾软件和硬件的集团公司。苹果不断成功地将崇拜式产品投放市场。从早期20世纪八九十年代的麦金塔（Macintosch）计算机直到iMac、iPod、iPhone和iPad，苹果展示了成功的先导性设计产品的悠久历史，它了解硬件并做到了通过极具特色的外形和材质加强情感因素。公司的合伙创建人，传奇的苹果老板斯蒂夫·乔布斯曾这样说过：“设计不仅是看起来或感觉起来如何，设计是使用起来功能如何。”也因为如此，即使是在乔布斯去世以后，苹果依然成为一个拥有数百万粉丝的强势品牌。全世界的人们彻夜在店外等待新款iPhone，只为成为第一批拿到新款手机的人。没有一个汽车企业能做到这一点。奥迪、宝马和奔驰已经将苹果体验店作为未来销售方案的典范——走出单调的工业区，回归市内。当然有很多事实可以说明，苹果很快就不单单作为一个核心软件供应商，而且还要作为一个新的汽车提供商出现。

曾经的计算机生产商苹果今天主要围绕其最大的销售额贡献者iPhone手机为核心。最近智能手机的销售额明显下降，一旦iPhone完全崩溃，苹果就会遇到巨大的难题。为了保障其未来的发展，这家来自库柏蒂诺的技术集团公司必须扩展其产品组合。汽车产业向移动产业发展的迅猛速度，加上巨大的革新如电动汽车和自动驾驶技术，为苹果公司提供了均衡发展的巨大机遇。iCar汽车将会是最理想的基础。苹果与大多数的汽车制造商相反，它有着出色的盈利能力，因此可以轻松进入产业。在过去五年里，苹果净赚了将近2000亿美元的利润，也就是说苹果理论上用它过去五年的利润能够以宝马当前5100万美元的市值买下四个宝马公司（见表6）。

表 6　苹果和宝马数据比较（单位：10 亿美元）

		2015	2014	2013	2012	2011	5 年
苹果	销售额	234	183	171	157	108	852.2
	税后利润	53	40	37	42	26	197.6
	销售回报率	23%	22%	22%	27%	24%	23%
宝马	销售额	100	97	105	101	89	493.6
	税后利润	7	7	7	7	6	34.5
	销售回报率	7%	7%	7%	7%	7%	7%

来源：苹果和宝马商业报告

然而对于苹果来说，收购一家类似宝马这样的汽车制造商却并不是一桩合算的生意。汽车产业里像宝马这样的企业销售利润率正常在 7% 左右，这对苹果来说简直是悲剧，毕竟它的股东们习惯了这个行业超过 20% 的超高回报率。对于苹果来说，要投资到一个新的移动行业，只有找到一个明显比传统汽车行业回报更高的商业模式才值得。之前也有过与宝马，后来又与奔驰的关于苹果与传统汽车制造商合作可能性的会谈。然而根据德国《商报》2016 年 4 月的一篇报道，这些会谈至今没有什么成果。宝马已于 2015 年退出，戴姆勒老板蔡澈根据《商报》的报道于 2016 年年初中断了会谈。原本打算共同开发和生产高度互联、半自动驾驶的电动汽车，但由于在有关项目领导，获取的客户数据的拥有权和使用权，以及苹果 iCloud 的角色等问题上的不一致而导致失败。

因此苹果必须自力更生，特斯拉证实了这也不是不可能。苹果并不一定必须为此建立自己的 iCar 生产基地，苹果更喜欢让独立的服务商来生产。例如，全世界最大的电子和计算机零部件生产商之一，总部位于中国台湾的富士康集团就是以这样的方式生产 iPhone 手机。富士康在自动化领域拥有的大量核心技术，对汽车生产商来说也不可或缺，以超过 1300 亿美元年销售额的规模也具备了进行巨额投资的可能。除此之外，在汽车产业里有全世界各地的生产服务商如荷兰的 Nedcar 集团、芬兰的 Valmet 集团或加拿大的玛格纳集团，以更高的质量和精度代工汽车的制造。通过这些，苹果就可以避免像埃隆·马斯克在特斯拉那样的冒进生产，那么 iCar 的产能成本和产能风险就会明显少很多。此外，苹果肯定也会进入汽车销售领域，因为很大可能会在战略上倾向于苹果体验店以及特斯拉展示厅的方向。对于苹果来说 iCar 将会提供一个使产品组合更加均衡的机会，从而有望承诺一个收益为导向的增长。蒂姆·库克和他的人还等什么呢?

而证明苹果很快将进入新的移动领域的另一个证据就是 2016 年初夏实施的入股乘车服务提供商滴滴，苹果以傲人的 10 亿美元收购了这家中国公司的一部分股份。中国是世界上最大的汽车市场，并在汽车产业向移动产业转型的过程中扮演至关重要的角色。“跨越式战略”一直以来都是中国实现不仅作为最大的销售市场，而且也作为领先欧美的技术引领者，确立世界领导地位的一个方案设想。跨越式意味着直接“跨过”革新阶段，并已为后面即将到来的阶段尽快、尽广地扩展自己担负技术领导者的能力。中国正飞速地向这一方向迈进，中国已具备了 2020 年开放机器人汽车在高速公路上行驶的前提条件，并且自 2025 年起也可以在大城市的道路上通行。从未有哪些地方像中国这样对电动汽车广为宣传，还从未有哪些地方能有这么多超级城市所带来的严重的交通问题，而且世界上从未有哪些地方的人像中国人这样如此偏爱移动互联网。随着入股滴滴出行，苹果明确地调整了方向，从一开始就紧盯住这个最大的新移动产品销售市场。

根据媒体的报道，喜欢公开被称为 iCar 的苹果汽车归于代号为“泰坦计划”的名下，特斯拉的老板埃隆·马斯克不久之前就此曾说：“苹果在做自己的电动汽车，这是一个公开的秘密。”2016 年 6 月由苹果租赁的装满了摄像头和激光技术设备的大空间豪华轿车在底特律附近曝光。苹果对此解释说，这些车辆是为了建立虚拟地图系统而收集全世界的数据。苹果开始开发自己的地图解决方案已经有一段时间了，这对未来所有有关自动驾驶的项目也是核心组成部分。除此之外，根据新闻报道，苹果 2014 年已经开始为了“泰坦计划”从汽车制造商那里挖走了管理者，包括戴姆勒、通用汽车、日产、特斯拉和丰田的专家。埃隆·马斯克也证实了这一点，却忍不住将这些特斯拉的背叛者戏谑地称为“我们炒掉的工程师”，并将苹果讥讽为特斯拉的墓地。从这一点也可以看出，不只马斯克一人将苹果的“泰坦计划”列为值得认真对待的竞争对手，而对待谷歌的同行们的态度就截然相反，马斯克并没有将其视为真正的竞争者。此外，还有消息发布，前福特设计师马克·纽森已经参与了 iCar 的设计工作。据称总共有 1000 余名员工参与了库柏蒂诺的“泰坦计划”。据说 2020 年前后将会出现第一批 iCar 汽车，然而无论早晚，苹果汽车总会到来，而且会成为传统汽车制造商越来越严峻的竞争对手。

苹果产品具有和特斯拉一样的对外形语言和美学的理解。电动汽车和自动化的驾驶功能在特斯拉的汽车，以后在苹果汽车上肯定不会有像来自汽车旧时代的克莱斯勒小货车那样单调的外形，而且也不会让谷歌那样的两人座、没有方向盘，宛如摩比世界来的塑料泡泡车，或者改装后堆满了建材超市零七八凑的雷达支架的豪华 SUV 投入市场或是出现在测试路线上。移动是动态的，而动态如果能体验、接触或能以相应的形式用触觉体验来表达的话，它就可以变成一个高级的属性。正是这些构成了如今高级品牌制造商奥迪、宝马、奔驰或保时捷的成功秘密。未来的移动出行似乎由此而分为了可体验的高级移动出行和大众化的代步出行。这里苹果和特斯拉有望成为重要的高端产品供应商，与此相反，谷歌会停留于机器人出租车的基本业务，并试图通过一个中央软件系统建立起一个进入移动新世界的准入限制。

轮子上的商厦：汽车作为多功能平台

蔚来汽车的创始人是年轻的中国人李斌。李斌的故事与特斯拉的创建人埃隆·马斯克的故事有些类似。李斌从小在安徽山村的外婆家长大，他后来去了北京，在北京大学读书并以优异的成绩完成了社会学专业的学习。他在上学期间做过苹果产品销售等兼职。2002 年他创建了互联网公司易车网，一家为新车和二手车进行价格数据分析和评估并卖给汽车交易商的公司，与德国的汽车评估网站 Schwacke 类似。此外，易车网还在互联网营销和融资中介等业务领域发展成为中国汽车交易的一家领先服务商。易车网在纽约证券交易所上市（NYSE：BITA），2015 年以 4300 名员工的规模创造了 6.2 亿美元的销售额。在德国，人们会认为这是一家运营良好的中型企业，老板具有亲身了解汽车业务的经验。当然易车网也为增长制定了其他人几乎无法想象的精心计划，企业于 2016 年 6 月赢得了除腾讯之外，还有百度和京东作为战略上的重要股东。此外，腾讯和京东也是李斌初创公司蔚来汽车的合伙人。这个例子也显示了中国的互联网行业正在以何等的热情渗透到汽车和移动商业中。

蔚来汽车致力于高性能电动汽车，但首先是对汽车的一个全新理解。李斌在阐述自己的战略时说，传统的汽车制造商制造的汽车几乎只是作为运输用途来使用。特斯拉那里已经多了一些不再将汽车视为运输工具的客户。借助于蔚来汽车，李斌想再迈进关键的一步。对他来讲，网联化的自动驾驶电动汽车是一个装有触摸屏表面，人们可以在上面同时购物、消费、放松以及从甲地到达乙地的滚动着的平台。而类似的想法也由传奇的阿里巴巴创建者马云于 2016 年 6 月表达过。马云说："我们相信，未来 80% 的汽车功能与运输无关。"购物、工作或上网将比从甲地驶向乙地更重要，代步本身不再是未来汽车的主要目的。李斌承诺："蔚来汽车将成为世界上第一家用户企业。"而他接下来的步骤已然以合同的形式成形。2016 年 4 月蔚来汽车与中国汽车制造商安徽江淮汽车公司（简称 JAC），签订了一份超过 15 亿美元的合同。江淮汽车拥有超过 50 年汽车生产的经验，同时也具备很多电动汽车的经验。现在江淮汽车成为蔚来汽车的生产伙伴，通过签订一纸合同，几乎一夜之间蔚来汽车就变出了一个汽车工厂。在中国就是这么快。

当德国的火车站或飞机场需要历经十年的艰难历程才能建成时，在中国即使是大型项目也是以创纪录的速度进行计划和实施。也因此当现代移动出行领域不断有新的发布和新的创业活动在操作时，一点也不令人感到突然。所有这些设计方案都与前面的二者差别不大，区别只是初创的背后还有实力更加强大的伙伴在提供支撑。例如，2016 年 3 月，Future Mobility Corporation 在香港进行了商业注册。Future Mobility 之所以引起人们的不安是因为这家企业成功地从宝马公司挖走了一整套在巴伐利亚总部负责开发电动汽车 i3 的经理人团队。此外还另外聘用了两名前特斯拉的经理。埃隆·马斯克必须注意，不要再过多地开特斯拉坟墓的玩笑，否则在他的一大堆玩笑中会有更多的专家出走。在 Future Mobility 的背后是腾讯和包括给苹果制造 iPhone 手机的电子生产商富士康。Future Mobility 的目标是想成为根植于中国、辐射世界，并具有全球市场能力的高端品牌。百度于 2015 年就已对外公布成立了一个自动驾驶业务部门，阿里巴巴也宣布了与上汽集团的合作。而一家汽车设计与开发企业的北京长城华冠汽车科技股份公司，在 2016 年 4 月的北京汽车展上发布了其跑车前途 K50，该款电动汽车会让特斯拉不寒而栗。就如宝马在其 i8 上使用了碳纤维作为材料，前途 K50 也想在这种超轻材料基础上进行进一步开发，稍后会跟进“普通”的电动汽车。这类的例子几乎可以无穷无尽地继续下去。中国人改变世界的决心已定，并在迅速和用心地向前推动着。

旧时代的赢家与输家

来自中国和美国硅谷的发展趋势显示了当前产业的变革已是多么迅猛和急剧。这事关未来的权益，对很多参与其中的奋斗者来说，这不亚于在这场比赛中的生死存亡，赌注下得很大，未来的革新需要数以十亿计的资金，同时必须对现存的组织机构、厂房和销售体系进行改造。将来想制造电动汽车的厂商必须考虑如何处理它们的发动机工厂，想在新的汽车时代体现接近客户，就不能再以传统汽车销售店里的方式来运作，必须在城市中心地带斥资改造汽车制造商的销售渠道，这将是一个耗资亿万的变革过程。如果作为传统汽车制造商在今天资本储备薄弱，利润空间狭小或者在与巨额亏损抗争，那么赶上这趟开往未来的列车的机会就会变得渺茫。

图 20 对变革的相关者进行了分组。革命者小组中并非所有成员都能成功地发展成为新的移动出行供应商，同样并非所有的“旧”供应商在未来都还能占有一席之地。变革的失败者要么作为企业被市场整体淘汰出局，要么以全新的模式出现。在这种全新的模式中，它们无异于作为一家零配件供应商，就像今天的博世、大陆、海拉、马格纳或采埃孚等之于汽车产业。这些汽车制造商在未来将成为一种二等制造商：它们进行生产，面对移动供应商却无法凭借自己的力量赢得或维持客户，因为它们无法支撑全新世界中的巨额投入。

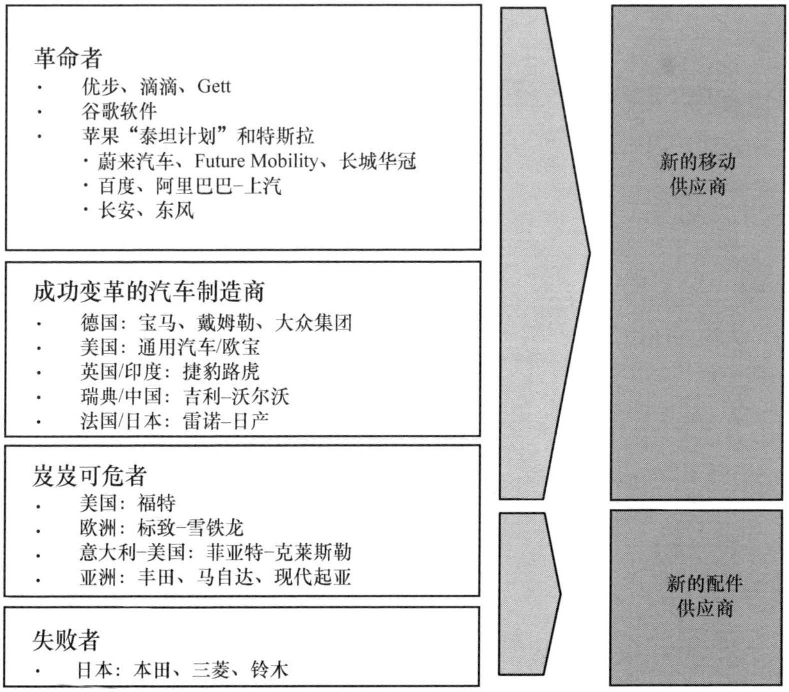

图 20　移动出行新世界的赢家与输家

从全球范围来看，中型企业和当今盈利状况不佳的日本汽车制造商面临落入失败者阵营的风险最大。像本田、三菱或铃木这样的企业饱受营收乏力之苦，同时受困于僵化的企业文化。无论丰田、三菱，还是斯巴鲁迄今为止都没有任何共享经济领域的经验，一直以来都在传统的老路上行走：开发、制造和销售四个车轮的产品。缺乏投资实力，独断专行的企业文化和深入探究全新方案的意愿不足是汽车制造商落入失败者一方的主要原因。企业中的一切运行都已程序化，不再提出任何质疑，只存在着一种机械式的改进压力。但是颠覆性革新需要的是与持续改善过程完全不一样的能力。能在按照机械方式进行的持续改善的规则中成为世界冠军，并不意味着在急剧的变革中也成为冠军。只对现存的东西进行优化，并不足以发展成为热门品牌，赢得客户成为自己的粉丝。这是日本汽车产业最大的问题。在新的移动世界里日本人占据了一个不利的位置。

除了预估的失败者之外还有一些岌岌可危的人选。之所以岌岌可危可能出于两个原因：要么是由于缺乏急遽变革所需的巨额资金支持，菲亚特－克莱斯勒和标致－雪铁龙就属于在这一点上薄弱，因此可能会错失后续发展。虽然菲亚特－克莱斯勒的老板塞尔吉奥·马尔乔内的说法与此截然不同：只要他处于弱者的位置，就不会受到这个世界的虎视眈眈。要么是岌岌可危的人选缺乏革新和创造力。人们很长时间以来一直诟病日本人对现存的东西精益求精地制造复制品。追求细节上的完美阻碍了进行量子级飞跃的视野。像丰田和现代起亚这样的企业在这一点上尤为明显。

那么在传统汽车制造商中目前谁才具备完美转型的最佳前提条件呢？大众集团在柴油门事件后遭受重创，但是以文德恩和皮耶希为中心的旧部的覆没也是一个迫切转型的开始。新的董事会主席马蒂亚斯·米勒的集团战略正充溢着变革的意愿。发展电动汽车的明确目标，自动驾驶技术的进一步开发，以及借入股乘车服务商 Gett 大胆迈入共享经济领域是重要的信号。然而同样重要的是去改善主干企业长期性的营收乏力，这也需要一个彻底的变革，全新的世界不适合于共同表决权，一部《大众公司法》和州政府参股来推动亟待的改革。这仍然是大众集团的风险。

宝马和奔驰已经在几年前就开始致力于创造共享经济的新企业文化了。Car2Go 和 DriveNow 就是开放面对彻底变革的最好的例子。在自动驾驶技术这方面戴姆勒公司用它的 S 级轿车进行的路测至少达到了与谷歌同样的水平。宝马用车型 i3 和 i8 大胆尝试了全新的材料和传动系统。汽车历史上 130 年来宝马首次将碳纤维作为用于量产车型的内饰材料。虽然两个高端制造商过去在电动汽车上过于谨小慎微，在如此重要的蓄电池动力汽车的续航能力上投入太少，但它们具备乐于改变的文化。两家企业都进行了卓有成效的努力并能够承担资金的投入。宝马的哈拉尔德・克鲁格接任了诺伯特・莱特霍夫的董事会主席的位置。莱特霍夫在其任职期间对宝马的品牌做出了很大的功绩，并以他的柔性工厂和灵活的可变战略，以不断推陈出新的宝马车型将宝马扩展为全球销售汽车最多的高端汽车制造商。但是宝马在过去的几年里变得谨慎有加，行动迟缓。“永远不要改变一个获胜的团队”从长远来看是一个危险的战略。奔驰在争夺高端市场销量的竞赛中取代宝马拔得头筹。

新的宝马老板在之后的仅仅三个月就大胆面向公众掷地有声地宣布：“2021 年宝马将与芯片制造商英特尔及软件企业共同向市场推出自动驾驶汽车。”克鲁格说，对于宝马这样追求“驾驶愉悦感”，数十年以来一直面向驾驶人来制造有驾驶乐趣的汽车和豪华运动轿车的品牌，无异于迎来一场革命。只要人类愿意，宝马汽车将自 2021 年起由计算机来驾驶。和戴姆勒一样，宝马也同时推动汽车使用的新形式：所谓的高端共享经济。自动驾驶和汽车使用新形式这两项革新都在巴伐利亚引发了最剧烈的转型。宝马、奔驰和大众共同决策选择了与地图服务商 HERE 合作并以此稳固了自动驾驶技术的一个重要支柱。万事皆已具备。在我看来，这三家德国汽车集团都完全能够做到在全新的汽车世界里成为赢家。

同样的还有沃尔沃，通过出售给吉利公司而脱离福特，对企业来说是一个巨大的胜利，品牌得以变得独立，无论在电动汽车还是自动驾驶领域都能跻身传统汽车制造商的尖端集群。沃尔沃计划至 2025 年售出 100 万辆电动汽车和插电式混合动力汽车，为此已经大举考虑退出柴油机技术。沃尔沃几年前就在哥德堡建立了一个自动驾驶的试验场。自动驾驶符合沃尔沃的品牌形象。对沃尔沃来说彻底的变革并非陌生的词汇，沃尔沃与中国的母公司吉利一起拥有未来立足新移动世界的良好前提。

捷豹路虎在过去五年中的发展令人异常瞩目。过去在福特旗下时，捷豹和路虎如同沃尔沃一样并不成功。自从这两个英国品牌归到印度塔塔集团旗下后，就以巨大的步伐一路向上，捷豹路虎现在发展成为一家盈利出色的汽车制造商。以德国总裁拉尔夫·施韦德为核心的领导团队中的重要经理人和施韦德本人一样都在宝马工作多年，他们知道“高端”二字如何书写。捷豹路虎在中国与中国的汽车制造商奇瑞合作建立了一家合资企业。奇瑞制造微型汽车，但同时也造电动汽车，只是这些车与捷豹路虎的高端标准并不相符。捷豹路虎在驾驶人辅助系统和网联化方面颇具竞争力。对于英国人来说拥有德国的工程师高层领导肯定是一个巨大的挑战，但这家企业具有活力，反应迅速，可以完成向移动世界的过渡。

也许通用汽车及其欧洲的子公司欧宝也能做到。在过去的五年中，来自底特律的旧通用汽车转变为一个新的集团。人们从其位于吕塞尔海姆的德国子公司欧宝那里已经觉察到。通用汽车收购了汽车乘用服务商 Lyft，正在开辟汽车共享的道路，同时也作为第一个汽车生产商很快将一款电力续航超过 300 公里的电动汽车推向市场。在五年以前还不会有人相信通用。在其总裁，汽车集团的最高层中唯一的女性玛丽·博拉的领导下，通用集团向前做出了巨大的飞跃，这个飞跃展示了这个来自底特律，曾经臃肿迟缓的庞然大物如今变得灵活、敏捷和收益良好。跨越颠覆性革新阶段的前提条件如今已然具备。相似但总体上程度不那么明显的是雷诺日产战略联盟，然而在这个法日共同体中尚有几个旧世界遗留的功课需要解决，包括盈利能力的问题，因为新的移动世界需要巨额的投资。

剩下的就是福特汽车公司，沃尔沃和捷豹路虎曾经的母公司和最重要的汽车制造商之一。福特拥有马克·菲尔兹这样充满活力的年轻总裁，他了解汽车业务并且善于设定正确的重点。此外网联化和驾驶辅助系统等技术在福特备受推崇。2011 年的福特就已在其紧凑型轿车福克斯上配置了当时同级别轿车中最丰富的驾驶辅助系统，驾驶辅助系统的普及化是福特的核心关键词，这对转型是一个加分项。然而在负向层面也必须认识到，福特进入共享经济的渠道非常有限，在蓄电池电动汽车方面亦是如此。因此福特在我们的排行榜中更倾向于是一个岌岌可危者。

这样看起来，汽车制造商们，以我们对它们的了解，似乎并不会由于革命的到来而被挤出新的移动市场。竞赛已经开幕，一切都还未知。

10. 德国还会保持汽车王国的地位吗

德国 2030——时代转折的失败者

这是 2030 年的春天，鲁尔区某城市。我正在去移动产业最重要的一个主导性博览会的路上，这是汽车行业一个非同寻常的活动，这个行业尽管产品与 20 世纪的汽车已经有天壤之别，但如今依然被称为汽车产业。

乘坐由驾驶人驾驶的汽车前往机场，令我心驰神往地想到了我此行的目的地：在北京将由一辆苹果的机器人汽车在机场接我。我几分钟前刚从当今全球最大的汽车乘用服务商滴滴出行上进行了预订。我是滴滴 20 亿用户中的一员。苹果的 iCar 汽车早就不再需要驾驶人，机器人汽车在中国若干年前就习以为常，简单得如同乘地铁。

我在德国也不需要拥有自己的汽车，因为我在大城市生活。在家里我本可以有两个选择：要么乘火车坐在老旧的车厢里，说不定会遇到晚点站在破旧的站台上在风雨中苦等；要么在汽车共享库中选一辆自动驾驶汽车去机场。我决定选择自动驾驶汽车。我的驾驶人是一个机器人，听命于汉斯这个名字。汉斯和我跟往常一样又一次在鲁尔区的 40 号高速公路上遇到大堵车。

长长的车龙以步行的速度一点点向前推移至下一个高速公路出口。汉斯决定经相邻的公路绕行一段，并载着我穿过了一片工业区。这里的道路坑坑洼洼，我们经过了一个空置着的汽车销售店。曾经的销售大厅前长满一米高的野草，过去光可鉴人的玻璃立面不知被打破过多少次。许多汽车行业的地产已待售多年，但无人问津。原因不仅是因为鲁尔区的败落，整个汽车行业在全国范围内都遭受重创。企业成排地陷入赤字，银行和储蓄所不得不核销掉巨额的贷款。

如今在德国很多人也会在阿里巴巴上购买汽车。真正的新车只有少数人还在买。电动机器人出租车占领了市场，不再需要工业区里的汽车经销商。因为亚马逊和阿里巴巴让很多的零售商过剩，而汽车制造商又没有勇气开启全新的销售模式。全球范围的汽车销售渠道革命正如预料的那样开始于中国，高资本投入的汽车销售模式由于数字化革命而成为失败者。如今中国人制造出高品质、低价格的电动汽车，中国制造，欧洲销售，新亚洲的第二次浪潮自 2020 年就涌入欧洲市场，并对因循守旧的汽车制造商造成越来越大的排挤。

在各个角落都可以察觉过去十年间的萧条。在电力驱动的自动驾驶汽车取得突破后，汽车工业大势已去，使得曾经的出口冠军德国遭受了严重的打击，在几年中付出了几乎 100 万个工作岗位的代价，至今没有任何一个工业或服务业能够承受得住这样的损失，还有哪个产业的创新与增长的核心——基础设施能像这里一落千丈的呢?

北威州情况最为严重，整个州再也没有汽车制造商。福特在几年前就将其在科隆的生产厂关闭。发动机生产厂的员工想必是第一个不得不相信这一切的人，因为内燃发动机的销量已锐减 80% 。大型能源集团 Eon 和 RWE 的市场地位衰落，在前总理默克尔全凭感觉任意指挥和草率执行的能源变革而导致它们被迫大放血后，它们就迅速衰落，这也使过去的能源之州北威州大受影响。“绿色能源”的世界冠军如今当然是拥有巨大的风电场和光伏电场的中国。

到达机场后汉斯带着我的行李前往自动登机办理处，而我还要去喝杯咖啡。在北京汉斯将在机场用 iCar 接我，当然那时他已经将我的行李箱放在汽车里了。有了汉斯的生活非常实用，人们不必再操心任何事。他是“物联网”的一部分，为我办理很多事情。每当我要有什么需要安排时，就可以用我的智能手机呼唤他。汉斯可以说世界上所有的语言而且从不睡觉。他是一个非常准确而反应迅速的翻译。我在机场的小吃店里从巨大的信息屏幕上阅读现在仍然是最大的地区报纸《威州晚报》，并找出几条鲁尔区的新闻。昨天前州长与其继任者到杜伊斯堡的一家养老院视察。马上要进行竞选了，这时人们必须关心他的竞选人了。这两名政客在那里与 90 岁的老人讨论本州的未来发展。由州政府委托编写的第 19 版进步调查报告刚刚出炉。“十年后北威州将成为世界冠军!”《威州晚报》的标题页摘录了前州长的话。

然而现实看起来却有那么一点不同。在汽车制造商、零配件供应商和经销商的众多工作岗位消失后，整个州境内人口空心化。生产基地向具有成本优势的销售市场迁移的趋势更加明显。德国如今从中国进口汽车，北威州成了欧盟补贴的领取者。在巴登符腾堡州、下萨克森州和巴伐利亚州情况还不太黯淡，然而后果却随处可以感觉到。如今德国在国际汽车商业中几乎起不到什么作用。世界移动产业的核心是如投资银行们所称的快四轴心（Fast Four）：北京—上海—重庆—硅谷。所有其余的汽车制造商，也包括一直以来的大型德国生产商宝马、戴姆勒和大众逐渐发展成为移动供应商。它们大部分的研发和管理都落户于黄金四角。汉斯也来自硅谷，汽车高能蓄电池的产地在亚洲和美国，在那里有生产设备，创新来自那里。消费电子产品的锂离子电池进入汽车只是一个小小的飞跃，而欧洲却错过了它。汽车生产如今坐落在亚洲、墨西哥和几个东欧国家。日本受到这场巨大的结构转型的影响甚至比德国更大，然而日本一直以来的沉疴——通货紧缩当前也在德国落地生根。

等候大厅的信息屏幕上正播出有关40号高速公路上长时间堵车的报道，我不久之前刚绕路穿过废弃的工业区从那条路上逃离出来。突突的车龙以龟速移动着穿过埃森市。摄像机展示着三辆喷着尾气和微尘黑烟的老旧柴油汽车。在北京我可以躲开这些了，在那里至少五年以前就在整个城市范围内对内燃机汽车实行禁行。当然在德国也有在市区内最终实行零排放的倡导，只有纯电动和氢燃料汽车能够获得白色标签，带有白色标签的汽车才允许驶入市区。然而大量的特别许可，如针对配送交通、使用生态柴油的公共近程交通，拥有过路费标签的人，当然还有所有在2025年以前就购买了车辆的人例外，又让这些规定变得松动。像美国2028年全国参照加州模式引入的内燃机机动车全面禁行，在新欧盟的成员国中至今在政治上无法实施。柴油燃料在德国仍然享受税收的优惠。当政的联邦政府需要选票，不惜一切代价。一条紧急消息在屏幕上弹出：世界卫生组织（WHO）的一项新的研究确认，在50座德国大城市中死于心肌梗死的案例显著上升，根据调查其主要原因是氮氧化物负担过高的晚期后果。笼罩德国大城市上空的柴油烟雾并没有消失在人们身边。

我闭上眼睛回想我差不多50年前第一次到中国的情景。那时让我感到很有趣的是，在北京最繁忙的城市交通道路上，中国人推着人力车或开着运输三轮摩托车在崭新时尚的各型奔驰、宝马和大众旁穿梭。空气污浊不堪，中国人都戴着口罩。如今中国的城市早已没有了人力车，现在德国成了人力车之国。北京的天空比德国大城市的天更蓝。

现实的一幕

必须承认，这个想象当然是虚构出来的，并且颇有争议性。然而遗憾的是，它并非完全不现实。如果德国想保住世界领先工业国的地位，不想成为欧洲的日本的话，那就必须保持其汽车王国的地位，即便是在未来的移动新时代，这也是保持德国生活水平富裕和增长的一个根本前提。我们能够做到，但是必须为此做点什么。速度是核心，德国必须加快一些。

第一，当然是汽车生产商本身的问题。正如我们所见，并非所有制造商都能够完成这个转变。然而德国汽车制造商近期的发展给了我们一线希望，它们可能会属于转型中的成功者。无论是宝马和戴姆勒这样的汽车集团，还是“彻底改造”后的大众集团，可能会像如今早已全球化经营的零配件供应商一样应对这种转变。博世、大陆或采埃弗通过革新和改变企业文化为转型做好了准备。行业中最大的风险存在于调整速度最慢的汽车销售环节。

第二，政治是一个迫切性的问题。从当前危机四起的欧盟那里目前难以获得帮助。德国现在必须考虑做出必要的改变。我们必须允许一个欧洲有不同的发展速度，大家集中精力于欧洲中少数但却是最基础性的共同法规。即便是英国脱离欧盟，这也是一个重新开始的契机。欧盟 27 国在过去的 20 年变成了慢速发展共同体。在虚构的“Fast Four”场景中慢是致命的。一个成功的欧洲是一个高度尊重辅助性原则的欧洲[㊀]。唯其如此，德国作为汽车产业基地才能在向移动新时代的转型中取得应有的重要性。辅助性原则让一切更灵活机动和迅速，并产生更多的自我责任感和积极投入的热忱。通过辅助性原则可以更好地发挥各自所长，促进创业家或企业家的精神，而这些正是硅谷和现代中国成功的要素。辅助性原则同时激发公民的政治责任感，缓解过去几年日益增长的竞选倦怠。很多欧盟国家民众对“布鲁塞尔欧洲”的极度不满既不能通过更换几名欧盟政客，也不能通过民粹口号来解决，而是只能通过更多的自我负责的意识，也就是辅助性原则来解决。这就回到了集中于少数核心共识，最大化发挥区域性发展机会和转型速度这一点上了。

㊀ 辅助性原则是欧盟法中的一项重要的基本原则，即只有在成员国采取行动不充分的情况下，欧盟才能介入。——译者注

德国前总理施罗德及其经济部长沃尔夫冈·克莱门特在任时做出了一系列非常规的决策，这些决策大大加强了德国作为汽车生产基地的地位，赋予了其良好竞争能力的资本。现在恐怕这些遗产中有些在默克尔总理任职期间已经破产。过去十年的基础设施建设结果让人不寒而栗。被忽略的公路网及其令人崩溃的高速公路桥，如柏林大型机场或超支严重的斯图加特主火车站工程那样的空中楼阁，缺少覆盖全国的快速互联网，在重要的南北供电通道或完全无预案取消核电等方面的错误能源政策规划，还有难民危机的管理也是灾难性的。最后也是最重要的就是，因财政收支封锁及投资计划冻结而不稳定的城乡财政让大城市的基础设施更新变得希望渺茫。

例如在能源网、铁路公路或电动汽车充电站建设方面，不是采用一个欧洲的整体解决方案而是各自为政地搞国家规划，真实地反映了欧洲基础设施建设的现状。一直以来都是从欧盟扶持资金的“大锅饭”中将资金平均分配给各自不相干的国家项目，而看不到一条欧洲范围内基础建设的主线。如果我们想摆脱“德国——时代转折的败落者”中的场景，我们必须将更多的精力集中于德国自身的任务，而少放在拯救希腊或南欧不良的银行系统上。

如果德国不想让“Fast Four”赶超，并且想在德国参与下一代“汉斯”的开发工作的话，德国的高层政治家们必须更加全神贯注于关心德国作为工业基地的问题。“如果人们始终忙于解决一个经济能力只占1%的国家的问题，那么就很难去成功地掌控其余的99%”，国际级高级经理，如今德国最大的运动品生产商阿迪达斯的总裁卡斯帕·罗思德于2015年6月在《世界报周日版》发表看法，欧洲最终需要一个“深入真正重要未来问题”的长远目标，而不是一个危机峰会紧接着另一个危机峰会。在他看来，至2018年引入覆盖全欧的高速互联网的计划不够远大。“对于一个世界领先的工业国来说，这可不能算是一个长远的要求!”罗思德在访谈中这样认为。与罗思德不同的是工业界的老板们大多表达比较保守，但也有不少人认同他的想法。罗思德能够对国际竞争做出很好的判断，他确实展示出令人印象深刻的职业背景，从美国企业甲骨文、康柏和惠普到将市值翻了三倍的汉高董事长，直至阿迪达斯。他说：“我们在德国和欧洲有如此多的机会，可我们却没有抓住。”而太多的企业高层管理者们对德国的政治领导者们的评价令人失望。

德国必须加速

德国必须加速基础设施的扩建。基础设施建设必须成为政治首都柏林的一件大事。电动汽车作为众多例子中的一个表明了，总理必须将这个重大的未来主题用心纳入她的日程。2007 年 8 月 23 日，在总理的领导下，联邦政府在梅泽贝格宫的一次秘密会议中对一份能源与气候综合计划（IEKP）的关键点做出决议。计划的一个最重要的组成部分是“电动汽车”的实施。总理立即将任务委派给四位政府部长：要求当时负责经济部的米歇尔·格罗斯、时任教育科研部长的安妮特·沙范、交通部长沃尔夫冈·蒂芬泽和环境部长西格玛尔·加布里尔提交监管框架，使德国成为电动汽车的主导市场。这四位部长都随时间而消失了。环境部在西格玛尔·加布里尔之后还有诺伯特·吕特根、皮特·阿尔特迈尔以及芭芭拉·亨德里克斯作为第四任部长在负责这项工作。经济部里米歇尔·格罗斯将指挥棒先后交到了卡尔－西奥多·古登伯格、莱纳·布吕德勒、菲利普·罗斯勒和最终的西格玛尔·加布里尔手中，就这样在不到九年的时间里经济部就有五个人掌管着电动汽车项目。交通部在沃尔夫冈·蒂芬泽和皮特·拉姆绍尔之后现在由亚历山大·多布林德来负责这个项目。最稳定的就是教育科研部，只有从安妮特·沙范到约翰娜·万卡的一次交接。人们可能难以想象，要是宝马或奔驰公司开发一辆汽车，先后有四任董事长走马灯似地更替，翻来覆去拼凑出来的汽车可想而知应该长成什么样子。总计有 14 位部长你来我往地操心着电动汽车这个未来项目。

结果如表7中所列，看起来令人大失所望。总理提出的主导市场及由她在2008年就设定的2020年100万辆电动汽车的目标距离遥不可及。与荷兰相比德国就是电动汽车的“矮子”，与挪威比简直就毫无存在感。2015年荷兰销售出43 441辆电动汽车，比德国高出185%，与此同时，荷兰拥有6172座充电站的网络，比德国高出125%。而德国私人汽车的市场总量比荷兰大七倍以上。而瑞典这个私人汽车市场规模显然更要小许多，每年新车销量连荷兰的一半都不到，德国与这样一个国家比起来更是羞愧难当。即使是与英国和法国相比也不敢恭维。14位部长制定的措施无法以事实来衡量，里面有太多的资源争抢，相互扯皮，太多的旁枝末节，没有一个总体轮廓。而德国的邻国里从没有一个政府像德国政府这样用这么一些不着边际的计划来面对他们的选民。

表7 “主导市场”德国与他国对比

2015	电动汽车* 销量	充电站** 2016年5月	私人汽车市场规模 以荷兰为参照*
荷兰	43 441	6 172	1.0
挪威	33 721	1 976	0.3
英国	28 715	2 673	5.9
德国	23 481	4 951	7.1
法国	22 867	6 508	4.3

* 电动汽车：纯蓄电池动力（BEV）加插电式混合动力

** 参充电站地图（ChargeMap：https：//de. chargemap. com/）的充电站

即便是2016年5月德国政府内阁非常勉强地通过了4000欧元的电动汽车购买补贴，也不要期望出现什么奇迹，这个补贴通过设定6万欧元的补贴享受权上限，潇洒地将最重要的供应商特斯拉踢开。根据经济杂志《Bizz Energy》的报道，几乎与联邦政府同时，加拿大安大略省省长凯瑟琳·韦恩及其政府出台了该省的气候保护计划，其中有关电动汽车的关键数据称：购买电动汽车将获得高达14 000加元（9800欧元）的国家补贴及夜间免费汽车充电。这一切为期四年，当然也包括了特斯拉的车型。另外，安大略省还承诺对安装家用充电桩给予最高 1 万美元的资金支持，作为回报，所有业主都有义务在其车库内安装 50 安培、240 伏的充电插座。而这一连串链条上的最后一个环节是一项报废补贴，根据《Bizz Energy》杂志引用气候计划中的内容，该补贴“帮助低收入家庭以新型电动或插电式混合动力汽车来取代旧车”。

我们的结论令人警醒：在其他地方有很多雄心勃勃的计划时，德国人还在对柴油进行补贴。因此这一点也不奇怪，即使在总理做出至 2020 年德国道路上行驶的电动汽车要达到 100 万辆的承诺的七年之后，2016 年年初德国也不过只有 25 502 辆电动汽车上路。在荷兰仅 2015 年一年就卖出了几乎两倍于在整个德国道路上行驶的电动汽车的总数！我们还差了 974 498 辆或目标总数的 97%。尽管如此，我们的女总理仍然重复着她那难以令人信服的目标。

如果德国不在国内市场实施新移动时代的关键技术，一切就会变得越来越难。那么对于德国汽车制造商来讲，就会更加有理由将所有的电动汽车立刻放到国外生产，例如中国。蓄电池的生产在那里，那里的成本更低廉，根本没有关税，并且在中国只有在当地生产的电动汽车才会享有销售补贴。而德国几乎什么都没有，德国在世界汽车市场里是一个“矮人”。2015 年全世界售出的汽车中只有 4% 是在德国卖出的，这种趋势还会继续下滑。汽车产业不再需要德国，但德国却需要汽车产业。迟来的电动汽车补贴并非一直宣扬的是政府送给财大气粗的汽车制造商们的礼物，这个补贴是送给德国的礼物。电动汽车如果没有国内市场，对德国的生产基地进行改造就没有经济上的意义。电动汽车在全球“放之四海皆准”。德国若是错过了这趟车，结果将是灾难性的。因此，柏林政治中心必须加强关注这个话题，如果再不加快速度就没有可能了。

“旧世界”中的绝大部分连同其数十万的工作岗位等待处置。我们只有开放地对待这种创造性毁灭，才能在构建全新的移动世界时担当起重要的角色。在这里我们要应对五个挑战。

挑战 1：面临威胁的数十万工作岗位

虽然当前汽车产业的 80 万工作岗位预计并不会全部受到威胁，因为还有希望让新移动技术的发展在电动汽车时代还能确保德国作为生产基地的未来。但同时，如今占一辆汽车生产 30% 的部分，如内燃发动机、燃油供给系统、尾气排放系统以及相应必要的传动系统，在百分之百转型为电动汽车时会变得多余，在直接生产中也会失去同样比例的工作岗位。因此将会有几乎 25 万名从业人员受到颠覆性变革的波及。那些几乎仅限于内燃机领域的零配件供应商，如德国的中型企业 Boysen、爱尔铃克铃尔（ElringKlinger）、埃贝赫（Eberspächer）、HJS 排放技术或慕尼黑的传动链条专业公司伊维氏（Iwis）会陷于困境。中型企业无论如何都要比大型集团公司的产品范围更加狭窄，因此在结构转型过程中会比行业巨头受到更强烈的冲击。

更何况中型企业由于其家族企业的结构特点，很难进入资本市场获得进入新的移动世界的资金。而在国际证券市场进行股票交易的资本公司却可以通过增资更加容易获得新的资金投入。

我们的移动产业的彻底变革会伴随着对行业结构的深度干预，大型企业会更加强大，小型企业的日子会愈加艰难，数量更少。我们的工业和服务业未来将会更加全球化，大的集团企业单纯按照国际市场标准在区位条件和市场条件最有吸引力的地方落户，而中型企业则更依赖乡土。如此一来，就业岗位和区位优势的竞争就发生了改变，德国必须从就业者角度做出反应。

当然变革并非一朝一夕的事，但中国已经从现在开始建设电动汽车的新世界了。如果德国的企业和发动机厂再不进行改制，比如只是因为柴油仍然是政府财政部长的心头所好，那么德国将浪费掉宝贵的时间。一旦中国人和美国人建立起他们的蓄电池和电动汽车制造厂，德国的汽车制造商们将为时已晚。它们必须停止将目光死盯在德国和欧洲那一小块蛋糕上，因为很快这块蛋糕就会变得小到谁都无法吃饱。

然而这里涉及的不仅是生产制造中的工作岗位问题。对于传统汽车经销商来说，它们的世界也将随着共享经济、互联网和自动驾驶技术的发展而崩塌。如今在这一领域的从业人数几乎有 50 万，这些人都会在后面的几年受到业务解体、昂贵的不动产空置及汽修业务明显衰落的威胁。过去 50 年的汽车销售仇视创新，通过立法和章程，例如欧盟集体豁免条例来抵制变革。人们建起了一座“高墙”，可以让经销商联合会、行业联合会与汽车制造商一起来共同维持一个可控的体系。然而尽管采取了一切调控手段，制造商和经销商依然未能做到确保价格的稳定性。“墙上”不断有新的漏洞出现，比如网络中介或不断增长的临时或短期新车注册将销售渠道掏空。也因为汽车制造商对汽车销售门店和设施不断有新的设想，设定新的标准，这些标准对客户来说却没有必要，并将成本推高，因此汽车经销的高额而错误的成本结构永远无法获得改革。汽车行销成了一种单一渠道体系，完全依托于曾经昔日辉煌的汽车销售店。迄今为止互联网作为销售途径，虽然能大幅降低成本，但却被汽车制造商断然排除在外。没有一个欧洲的汽车品牌拥有像旅游产品、服装和鞋类那样真正的网上销售渠道。特斯拉和大型中国汽车企业上汽集团在这方面是绝无仅有的以革新领先的行业代表。古老的法则说得很明确：变则通，不变则壅。

最终还有一个行业将受到波及，因为新的移动世界也为保险业带来新的挑战。如果由于事故数量的下降及由此导致的保费收入减少而令业务萎缩，保险公司必须另寻截然不同于大规模裁员之外的其他出路。德国机动行驶保险业务的保费收入为将近 250 亿欧元，大约有 53 万名保险业从业人员，一部分为企业雇员，一部分为自由职业的保险中介人和咨询师，还要再加上独立评估人和事故专家。移动出行行业的变革并没有毫无痕迹地与这个行业擦肩而过。假如在自动驾驶过程中由制造商来提供很多事故损失的基础保险成为普遍现象，那么就会导致世界范围内保险业的集中与合并。少数的跨国保险集团将会与汽车制造商共同来承担业务。如果汽车领域的保险业务也要长期留在德国国内的话，德国就必须具备国际竞争力，必须在德国还有欧盟设法促成必要的框架条件和规定。在这里也适用于一句话：不允许再让一个迟缓的欧盟存在。

挑战 2：迅速形成法律框架

在新的移动世界里，那些为自动驾驶，为像优步出租车乘用服务那样的创新服务，为责任规则和数据安全迅速制定出法律框架的国家才属于真正的赢家。美国早在几年前就在这些领域的很多方面处于领先地位了。中国多亏了中央管理体制能够快速地完成了相应的基础和框架，再加上中国对成为全球移动市场的引领角色有着极大的兴趣。对此，德国迅速形成新移动世界的法律框架就变得越来越重要。在这一点上，更多地致力于辅助性原则的欧洲显然要比坐上“大锅饭”的老爷车坐失与世界经济接轨的良机要更加合理。

挑战 3：基础设施网、道路和站点

无论是谁，如果因为其他技术，如柴油机技术的退出过程太长而导致电动汽车太迟投放市场，那么他就要承担一个巨大的风险，那就是新的价值链会在欧洲以外的地方产生。如果这样，一来不仅是行业中数以万计的工作岗位面临着转型过程中应对全新任务挑战而需进一步发展的困难。二来后发国家的生存环境会持续恶化，从而对社会和经济的进步造成巨大的阻碍。

除了技术基础设施外，新的移动世界还促使我们重新对道路规划和建筑技术要求进行思考，并相应地制定出更节省成本的规划。未来因为自动驾

驶，道路两旁不再需要那么多护栏和安全保护措施，从而减少道路修筑的成本。为了尽可能充分利用这种成本效应，就要从现在开始规划。当前充电站、快速充电网的落后，还有在高速互联网方面的不足长久下去是影响德国的一个竞争弱势。然而正是在这个方面我们甚至需要的是一个欧洲的统一规划。让电动汽车成为大众交通工具的一个必要条件就是欧洲境内覆盖高速公路沿线的快速充电网络。

最后，自动驾驶也对海量数据的传输，以及随之而来的网络基础设施提出了要求。欧盟委员会如今在该领域几乎没有什么作为。除了对度假旅游国家的公路或经济欠发达地区的休闲设施进行补贴外，布鲁塞尔的欧盟总部作为寥寥。德国作为未来移动产业基地的成功及其未来在移动产业中的工作岗位直接与基础设施网络的建设密切相关。

挑战 4：税收及道路收费体系

德国的税收体系是一个包含了大量复杂法规的扩展体系，这些法规带来的是高额的行政支出和有限的调控功能。全新的移动模式和技术可以将税收更有效合理地用于激励体系。从公路收费系统来说，在高峰时段的道路占用每公里收费高于交通便利时段在技术上与在有害物排放基础上的费率计算一样易于实施。税费的衡量不再是以汽车的数量，而是以所利用的交通空间的稀缺性作为基础。只有这样才能具备一个现代化，以效率为导向的移动系统。

目前，汽车制造商和服务商所需要的技术上的先决条件已经具备。2020年后德国就将有大批的电动汽车，也就是本地零排放汽车可供选择，那时汽车也可以是半自动或全自动驾驶。如今重要的是不要等到汽车已经开始销售再去考虑监管调控职能，而是现在就开始着手相关法规和条例的制定。立法者太过经常地在技术已经进入市场时才做出反应。我们其实有机会现在就为德国创新设计出一个全新的移动世界，同时制定正确的经济刺激手段，并最大限度地降低物质浪费。

挑战5：公共客运

在新的移动时代，最大的输家将是无法胜任当今挑战的德国联邦铁路。低劣的火车质量、毛病百出的轨道网、容易错过的转乘衔接路线——铁路问题的根源还来自于旧的世界，相当一部分问题几十年来都无法解决，那又该怎么面对未来的挑战呢？新的移动世界是分权化的世界。我们的现代化通信系统结构、共享经济的现代化服务商和零排放汽车将挤垮集中化管理的官僚铁路。或许最重要的一步就是从现在起就做出关键性的决策，将举步维艰的庞然大物拆分为小的灵活单元。然而，如果以现实来衡量的话，迄今为止的铁路改革均没有成功的先例。

新移动时代的失败者除了铁路以外还有众多的出租车驾驶人，当然这个变革将会慢慢地、悄无声息地发生，就像汽车发明后马车并没有马上消失。但从整体上我们会看到，我们将以全新的移动时代开启过去130年来最大的移动出行的变革进程。从马车到汽车，从帆船到集装箱货轮，从油灯的微光到我们家庭和楼宇供电的飞跃，每一次都令我们的社会面临巨大的挑战。然而今天我知道，不管怎样，一切努力都是值得的。

新移动时代的巨大潜力

全新的移动世界不仅打破了旧的体制结构，摒弃旧的劳作方式，而且推动了我们工业和服务业的增长，从而在全世界范围内创造新的工作岗位。三大革新领域——电动汽车、自动驾驶技术和共享经济对此做出了巨大的贡献。电动汽车的发展虽然取代了发动机研发制造或石油产业的很多工业工作岗位，但是相比推动减少原油储存，却能让投资流向能源存储技术的新商业领域，如改善锂离子电池、建设蓄电池工厂、加强能够保障所存储能源快速而高效地调集进新的蓄电池中的电力电子技术，以及扩建电动汽车充电站网络。这样一来，采用快速充电系统就会在更短的时间内调用更多的电量。特斯拉目前使用的是120千瓦的超级充电站，汽车工业已经着手于最高达300千瓦的涡轮快速充电系统的开发。还有感应充电技术的进一步发展，以及推动将我们的汽车本身作为电能存储器使用的智能能源世界等很多的技术。可持续开发的潜力是巨大的，能源世界和移动世界可以齐头并进，共同成长。在原油和内燃机的世界里所有这些永远都无法实现，那里没有智能分配的能源体系，加工过的原油或天然气在不同的用途中，如家用暖气或发动机中燃烧并损失殆尽。

上面这些适用于电动汽车的道理，也同样适用于自动驾驶和智能汽车技术的进一步发展。在我们的驾驶世界里，机器人和智能设备越来越多地替我们减轻了任务，就像由于电子邮件的往来而越来越少用到邮递员，同样的情况也适用于物流行业的很多工作。做一名货车驾驶人的生活在电影里看起来很浪漫，然而如果在光滑如镜的冰面上，在拥堵和高温下30年如一日地在路上赶时间，那么冒险家般的幻景很快就会破灭。

技术的进步让我们通过智能移动向人们提供更高级的工作岗位，而这个过程是动态的而非一成不变。根据我们汽车研究中心的分析，全世界范围内的驾驶辅助系统和半自动驾驶功能的全球业务至2020年将增长至550亿欧元，平均每辆汽车因为驾驶功能的自动化而产生超过600欧元的新价值，也就是销售额。根据该预测到2025年每辆车自动驾驶功能的价值比例将增至1400欧元，这相当于全球总计将近1400亿欧元的销售额。至2030年销售额预计增至3200亿欧元以上。这比戴姆勒股份公司2015年的年销售额的一倍还多。形象地说，自动驾驶技术为我们孕育了两个戴姆勒规模的新企业。因此在新的移动世界里潜藏着巨大的潜力。

第三个是共享经济。极大的可能就是未来对出租车需求的减少。相应地肯定对创新性应用系统、创意和方案的需求会进一步增加，例如如何能更充分地利用昂贵的容量资源。优步在 2016 年超过 600 亿美元的高估值是否名副其实，尚难肯定。这是一场面向未来的赌局，同时表明了未来为共享经济提供了巨大的机会。就像如今银行和保险公司将风险与资本汇集，从而产生社会价值、信息技术和互联网会让我们未来在有形物体上实现同样的价值。

德国还会是汽车王国吗？我想是的。我们可以改造旧有的，一部分不符合标准的世界，吸收移动新时代的期许，并将其潜力加以利用。这样的机会是 50%，我们有机会取得“时代转折的冠军”这一幕的突破。前总统罗曼·赫尔佐克曾提到过“必须给整个德国猛地来一下子”。就让我们把这个“一下子”诠释为“德国必须迅速起来”。只有当我们克服挑战、当我们变得更敏捷、当我们不惧怕未来时，才能使德国 2030 年的愿景完全成为另一番景象。

德国 2030——时代转折的冠军

这是 2030 年的春天，鲁尔区某城市。我正在去移动产业最重要的一个主导性博览会的路上，这是汽车行业一个非同寻常的活动，尽管这个行业的产品与 20 世纪的汽车已经有天壤之别，但如今依然被称为汽车产业。这个展会轮流于上海、北京、拉斯维加斯和法兰克福举行，今年轮到了法兰克福。

我的出租车程并没有持续很久。我的驾驶人是一个机器人，听唤于汉斯这个名字。这辆车是苹果的 iCar 3S，是我几分钟前随手预定回家的。我原本是想从汽车共享库中要一辆宝马 i3 - 20 的，但很快就忘记了要在前一天晚上通知汉斯。汉斯类似于我的私人助理。

自从亚马逊 2016 年在美国市场上推出带有人工语音识别辅助功能的 Echo 音响系统 Alexa 以来，语音控制的互联网产品的开发就一发不可收拾。

它开创了互联网的一个新时代。对于发消息和聊天来说，敲键盘打字早已过时。

汉斯可是无时无刻不在为我效劳，他与我交谈，只要我允许，在世界各地为我开所有的机器人汽车。今天汉斯会将我放在主火车站，我从那里登上开往法兰克福的 ICEX 城际高铁，在法兰克福已经等着一辆电动自行车 E-Bike，它会将我送到展览会。我的行李直接送至法兰克福的酒店房间，这也是由汉斯负责的。

有时候我仍然不习惯于大多数时间里车库再也没有一辆属于自己的汽车。但这没有什么，反正我在出租车里也能调用视频聊天功能。在跟汉斯乘出租车的这一小段路上我忽然想起家里电磁炉的炉盘没有关，当然这个小问题也由汉斯迅速而可靠地解决了。“要是没有物联网我们可怎么办?”他跟我念叨说。

我向窗外成行而过保持均衡车距静悄悄向前畅行的汽车望去。在早上的这段时间，大多数的乘客都在他们的平板电脑或智能手机上工作，去购物、喝咖啡或吃午餐的“休闲乘客”要明显更晚些才出来。每当有胆子大的年轻骑车转弯过大时，电动汽车的长龙偶尔会停顿一下。当然，汽车的系统会在瞬间读取每一个动作，并在相撞或碾压事故出现之前有充足的时间做出反应。

在 2010 年的后半期一切看起来还完全不一样：德国的汽车制造商们要摆脱尾气排放丑闻和一落千丈的形象，深陷自己一手造就的税收保护主义和恐惧革新的泥潭不能自拔。不仅是道路和铁路，德国的基础设施到处破败不堪。英国脱离欧盟后的政治危机是另外一个打击，然而却带动了许多的行动。德国的政治人物们变得清醒起来，在柏林人们意识到，如果高层政治家们只忙于解决并不重要的问题，并徒劳地想着去拯救弊病丛生的银行系统或毫无希望负债累累的他国，将不利于我们子孙后代的未来机遇。

欧盟现在变得灵活多了，人们找到了一系列不同的合作方式，其中就包括实力弱的国家能够在一段时间内自行“脱钩”。这就有点像在高速公路上的规则。所有人都能够使用高速公路，它是建造给所有人的，但是速度快的人能够超车。每个人都以自己最理想的速度上路；速度快的人付出更多的开支来承担高速公路大部分的资金。德国总理眼下集中了其三分之二的时间在国家未来问题和基础设施的建设上。她亲自操心很多德国的事物，而不再将任务交给四个部长。柏林的工作更加专业化，大学、交通设施、能源管网、通信网络都从中受益，并让德国没有失去铁路转乘衔接路线的畅通。

在德国的大学和位于慕尼黑、斯图加特和沃尔夫斯堡的汽车制造商那里，人们成功地参与汉斯的持续开发。汉斯不再是谷歌的垄断产品。宝马、戴姆勒和大众成功地完成了定位，能够与从前的垄断者抗衡。中国企业也起了不小的帮助作用，百度、腾讯和阿里巴巴都建立起相对的力量。中国企业与德国的汽车制造商合作良好，互通有无，中国企业通过大规模的营销革命奠定了互联网作为汽车营销渠道的牢固基础。现在还有几个大的销售点存在，但大量的经销商渠道已经消失。这是一个阵痛的过程，但却得以设法渡过。新的、更有趣、更好的工作岗位几乎能够完全接纳从业人员。保险公司里也在普通汽车消费者的第三方责任险和车辆险产品过时后开始了新的业务领域，保险公司推出的新业务范围叫作“移动解决方案”。汽车制造商、汽车共享和乘用服务集团公司的风险共担现在成为关注的中心。

三家德国高端汽车制造商奔驰、宝马和奥迪联合开发蓄电池技术是电动汽车批量化生产的里程碑。新的联合经营的快速充电系统让今天的电动汽车在不到五分钟的时间内重新充满电。在此基础上规划了全德国的能源网络，只使用绿色电力。在汽车共享站点不再有充电电缆，取而代之的是采用感应式充电为续航里程达 800 公里的现代化电动汽车充电。虽然这样还不算是急充的速度，但也没有必要。如果急迫的话，就使用涡轮快充装置。新的研发中心和蓄电池工厂也保证了区位落户，过去的大众发动机厂现在用电池组装电池堆。巴斯夫（BASF）变成了一家重要的零配件供应商，因为绝大部分的蓄电池材料来自于这家位于路德维希港的集团企业。鲁尔区的两家能源集团 RWE 和 EON 现在可以集中力量于欧洲快速充电设施的扩建。电动汽车的共享体系如我们当年起源于大学的露儿电动车（RUHRAUTOe）项目获取了作为新产品检测平台的资格。移动产业的革新研究项目在整个州的高校中享有了重要的地位。这有助于北威州即使在科隆不再是福特汽车的生产基地的情况下，也不至于与德国最重要的行业割断联系。德国及其汽车制造商们成功地将如此重要的创新力、核心技术与投资资金聚集起来，长期可持续地在这里保留下来。2030 年德国转折成功。